完美跳槽

蒋巧林 ◎ 著

清华大学出版社
北京

本书封面贴有清华大学出版社防伪标签，无标签者不得销售。

版权所有，侵权必究。举报：010-62782989，beiqinquan@tup.tsinghua.edu.cn。

图书在版编目(CIP)数据

完美跳槽 / 蒋巧林著. — 北京：清华大学出版社，2017（2024.7重印）
ISBN 978-7-302-46547-8

Ⅰ.①完… Ⅱ.①蒋… Ⅲ.①职业选择 Ⅳ.①C913.2

中国版本图书馆 CIP 数据核字(2017)第 030387 号

责任编辑： 张立红
封面设计： 邱晓俐
版式设计： 方加青
责任校对： 李跃娜
责任印制： 刘　菲

出版发行：	清华大学出版社
网　　址：	https://www.tup.com.cn，https://www.wqxuetang.com
地　　址：	北京清华大学学研大厦 A 座
邮　　编：	100084
社 总 机：	010-83470000
邮　　购：	010-62786544
投稿与读者服务：	010-62776969，c-service@tup.tsinghua.edu.cn
质 量 反 馈：	010-62772015，zhiliang@tup.tsinghua.edu.cn

印 装 者：	三河市铭诚印务有限公司
经　　销：	全国新华书店
开　　本：	170mm×240mm　印　张：15.75　字　数：208 千字
版　　次：	2017 年 5 月第 1 版　印　次：2024 年 7 月第 3 次印刷
定　　价：	58.00 元

产品编号：065518-02

跳槽是每个人的一段人生，《完美跳槽》陪你一起跳！

——Amy

序

在科技高速发展的时代里,产业调整瞬息万变。这样的时代给了我们很多重新开始、重新再来、重新分配的机会。对职场人士来讲,跳槽已经成为无法避免且必须面对的难题。2004年9月,我离开了服务十三年之久的摩托罗拉,正式加入AMD,从下游消费电子厂商到上游芯片厂商的转换,是我个人职业生涯中的一次"逆流而上"。在选择AMD之前我对自己、公司、大环境进行了认真的分析和思考。"AMD是能创新、有活力、敢挑战的跨国公司。"这是我选择AMD的一个重要原因。回想十三年奋斗历程,无限感慨!今天看来,我可以把自己的选择定义为完美跳槽。职场中机遇与挑战并存。如何游刃有余地适应大时代的变化,实现完美跳槽,需要我们每一位职场人士科学系统地进行职业规划并与时俱进地学习和实践。

科学系统的职业规划需要理论和实际有机地结合。市场上关于职业规划、跳槽的书籍可谓多如牛毛,但是Amy的独特视角令人耳目一新。《完美跳槽》以一位猎头顾问的专业视角,从六个维度——如何抽丝剥茧地分析跳槽动机,如何发现、防范和规避跳槽风险,如何创造有利的跳槽条件和环境,如何将所有利于跳槽的资源为我所用,如何平稳落地新平台,如何与新平台心心相印,与读者倾情分享跳槽经验。书中大量的真实鲜活案例来源于Amy十余年来为多家世界五百强企业和跨国企业客户(包括摩托罗拉、诺基亚、GE、IBM、AMD，华为、联想控股集团、复星集团、万达集团等）挑选中高管候选人的工作，同时曾任职世界五百强企业的猎头公司多年的Amy在书中给出了很多基于数据和经验提炼的职业规划和发展思路。

　　创新是企业前进的基石，也是个人前进的基石。无论是处在顺境中还是在逆境中奋斗的同仁，在职业发展遇到困惑的时候都可以通过阅读本书，按照Amy的建议和方法对标自己的职场人生，认真思考自己在职场的昨天、今天和明天，不断完善自我、发展自我，尽其所能地成就今日，启迪未来！

潘晓明

AMD全球副总裁，大中华区总裁

前言

先和读者分享本书提到的三个小故事。

故事1：闺蜜Cindy已跟随了7年的直线老板Wely跳槽去了更好的大平台，前不久邀请Cindy加入他的新团队。新领域、新职位，有挑战，也有很大的发挥空间。Cindy已经在目前的公司服务了7年，职位不错，和同事、领导都很熟悉，公司发展也挺好。是该走还是该留呢？Cindy陷入了深思。

故事2：Leo最近刚升职了，接替他前领导Kevin的位置。Kevin拿到风投去创业了。昨天Leo接到Kevin一个电话，Kevin有个和Leo专业领域特别吻合的职位，所以诚邀他加盟。Leo纠结了。

故事3：Marry的直线领导Megan跳槽去了一个相对中等的平台，职位和薪酬都得到很大的提升。Marry服务的是一家五百强的跨国公司，培训的机会多，工作环境也比较舒适，管理人性化，但职位比较低，升职空间比较小。Megan在一次聚会中向她抛出了橄榄枝。Megan提供的职位和薪酬都不错，而且可以提升Marry的管理能力。Marry应该义无反顾跳槽吗？

工作对每一位职场人士而言，毋庸置疑都是非常重要的。权威调查公司曾经做过一个调查——平均每位职场人士一生要跳槽六次。所以，作为职场人士，做好专业的职业规划至关重要！华为前副总裁徐家骏离职前曾说过："我要离开公司了，准备去开始新的事业，接受全新的挑战，我将要去做的事情风险很大，很有可能是九死一生，九死后还能不能有一生，也难说。"一滴水折射一个职场。那么，在职场中我们如何才能走好"跳槽"这一步，真正做到步步为"赢"呢？

作为猎头，我每天见到的很多候选人都是没有认真做过职业规划的，其中绝不仅包括刚步入职场的新人和工作几年仍然奋斗在基层的普通员工，还包括一些企业的中高管。当谈到未来的职业生涯时他们表现更多的是一脸茫然。专业的职业规划可以让我们在职场中游刃有余，天时、地利、人和的环境能够让我们发挥更大的创造力，让工作成为我们热爱的事业，让我们活在快乐的世界里。Twitter联合创始人比兹·斯通（Biz Stone）对机遇的看法我认为值得借鉴，"我认为你必须成为促成这种机缘的建筑师，机遇不是等来的，而是构建出来的。"同样，专业的职业规划也需要匠心独运地构建。

我总结了近十年与候选人和客户沟通的真实案例和心得，希望通过一本书结缘不一样的你，无论你是初入职场一脸迷茫还是初生牛犊不怕虎、一路春风得意，无论你是辛勤耕耘职场多年却深陷职场困境还是久经沙场、一路叱咤风云，在这本书中都有为你倾情特供的职场锦囊。书中每一个案例、每一点心得都来源于你们，或者是你们身边的同仁。正是因为和你们近十年的亲切互动，我收获良多：收获了大量鲜活生动的案例，收获了候选人和客户的鼓励和肯定，收获了很多友谊，收获了很多自我成长的心得。这些让我感知做一位专业猎头顾问的价值所在。

无数次，当我放下和候选人刚刚聊完的电话的时候，当我目送候选人离开咖啡馆的背影的时候，我总会想一个问题："还有多少和候选人一样困惑的职场同仁？我能为同仁们做点什么呢？"众所周知，职场跳槽是很敏感的事情，职业规划是很专业的事情，身在职场的我们想找到一个真正可以和我们倾情沟通、为我们做专业辅导的人士并不容易，有时我们面对职场危机，面对突如其来的被动跳槽会倍感孤单！如果我能把自己的心得写成一本书送给大家，给大家带来职场的一缕阳光的温暖，一缕星光的美好，这将是一件非常开心的事情，这也是本书的缘起。《完美跳槽》不是鼓励大家跳槽，是希望大家在不完美的世界里通过自己专业的职业规划实现完美跳槽！如果本书能给读者职场生活带来启发和帮助，那么我会倍感荣幸！

今天是一个特别的日子，因为我们见证了中国女排夺冠的辉煌，我看完比赛时心潮澎湃、热泪盈眶！顽强拼搏的力量是无穷的！永不放弃的力量是无穷的！美好团队的力量是无穷的！亲爱的读者们，让我们一起携起手来构建自己职场中的金牌团队！

最后，我要诚心诚意感谢所有关心爱护和帮助辅导我的金牌团队——清华大学出版社的张立红老师、李跃娜老师，我亲爱的爸爸妈妈，Ivan，我所有的客户候选人。亲朋好友们，谢谢你们！有一种美好叫做——有你们真好！

Amy
写于2016年8月21日下午

目录

第1章　是否跳槽

想清楚是否跳槽比跳槽本身更重要。

01	公司政治	2
02	老板走了	4
03	奖金太少	6
04	基薪太低	7
05	公司调岗	8
06	老板画饼	9
07	公司搬家	9
08	频繁出差	11
09	公司文化	12
10	老板换了	13
11	天天加班	14
12	公司风险	14
13	为了孩子	16
14	名企情结	17
15	朝朝暮暮	18
16	跳槽频率	19

17	职业发展	……………………………	21
18	尽职调查	……………………………	21
19	跳槽时间	……………………………	23
20	跳槽成本	……………………………	24

第2章 咸鱼翻身

公司并购重组的人事震荡或者公司升迁论资排辈的陈旧管理机制等各种客观原因导致升职加薪遥遥无期，抑或自己的综合能力跟不上企业快速发展的步伐而惨遭淘汰。

坐而谈不如起而行！如何做好职业规划，化被动为主动、反败为胜、咸鱼翻身是值得我们探讨的。

01	接受现实	……………………………	28
02	审视自己	……………………………	29
03	寻求外力	……………………………	30
04	规划方向	……………………………	31
05	出身草根	……………………………	32
06	大家闺秀	……………………………	33
07	我在乙方	……………………………	35
08	职业女性	……………………………	36
09	职业男性	……………………………	39
10	发挥优势	……………………………	42
11	居安思危	……………………………	43
12	冯唐不老	……………………………	44

13	冯唐易老	⋯⋯⋯⋯⋯⋯⋯⋯⋯⋯ 45
14	拒绝诱惑	⋯⋯⋯⋯⋯⋯⋯⋯⋯⋯ 46
15	放空心灵	⋯⋯⋯⋯⋯⋯⋯⋯⋯⋯ 46

第3章　风险职位

高风险职位是求职路上的绊脚石。
我们一起给自己设定求职红灯！

01	特别时期	⋯⋯⋯⋯⋯⋯⋯⋯⋯⋯ 50
02	薪酬过高	⋯⋯⋯⋯⋯⋯⋯⋯⋯⋯ 51
03	前任异常	⋯⋯⋯⋯⋯⋯⋯⋯⋯⋯ 52

第4章　完善简历

好的简历是你面试的第一张名片。
不管你是否考虑好跳槽，都需要认真准备一份漂亮的简历。
凡事有备无患。

01	何时准备	⋯⋯⋯⋯⋯⋯⋯⋯⋯⋯ 56
02	简历页数	⋯⋯⋯⋯⋯⋯⋯⋯⋯⋯ 57
03	简历照片	⋯⋯⋯⋯⋯⋯⋯⋯⋯⋯ 57
04	简历内容	⋯⋯⋯⋯⋯⋯⋯⋯⋯⋯ 58
05	高管简历	⋯⋯⋯⋯⋯⋯⋯⋯⋯⋯ 59

第5章　猎头交流

专业的猎头会成为你终身受益的顾问。珍惜与专业的猎头顾问交流的机会，他可能是你的伯乐，而每一位千里马都需要一位职场伯乐！

01　猎头电话 ································· 62
02　猎头约见 ································· 63
03　见面礼仪 ································· 63
04　见面地点 ································· 64
05　见面沟通 ································· 65
06　前世今生 ································· 65
07　见面之后 ································· 66

第6章　面试准备

面试准备时可以找找去约会的感觉。某种程度上讲，面试就像一场别样的相亲。对方是你心仪的公司，不妨通过各种渠道去了解对方的信息，整合分析你收集到的信息，再为你所用。

凡事预则立，不预则废。

01　面试时间 ································· 68
02　面试形象 ································· 69
03　客户背景 ································· 69

第7章　面试方法

在有限的时间里我们一起认真准备，尽可能在面试中展现最好的自己。因为抓住一个好的机会，可能就是不一样的人生了！

- 01　面试开始 ········· 72
- 02　面试演练 ········· 72
- 03　和HR沟通 ········ 73
- 04　面试心态 ········· 74
- 05　面试表现 ········· 74
- 06　面试问题 ········· 75
- 07　面试结束 ········· 76
- 08　谈offer阶段 ······ 76
- 09　背景调查 ········· 77

第8章　面试案例

本章是笔者和同仁们在工作中遇到的各种面试真实案例，它们就像一面面镜子，我们可以见贤思齐，见不贤而内自省。每一篇后面都有我送给大家的锦囊，有备无患。

- 01　"送奶先生" ······ 80
- 02　"对对先生" ······ 81
- 03　"八卦先生" ······ 81
- 04　"我我先生" ······ 82

05	"关系先生"	83
06	"糊涂先生"	84
07	"啰嗦先生"	84
08	胸无城府	85
09	惜字如金	86
10	只认衣裳	86
11	"抬杠先生"	87
12	"含糊先生"	88
13	功劳苦劳	89
14	廉颇已老	89
15	"抱怨先生"	90
16	野心勃勃	91
17	主次不分	92
18	溜须拍马	92

第9章　薪酬谈判

Offer就在眼前，却需要我们擦亮双眼去迎接一场充满智慧的谈判，很有趣，也很有挑战。我们一起来探讨这个复杂的课题。

01	先别张口	96
02	委托猎头	96
03	搜集信息	97

04	薪酬低了	98
05	讨价还价	98
06	表明心迹	99
07	创造价值	100
08	职位价值	100
09	心平气和	101
10	时间压力	101
11	有大局观	102

第10章　优雅离职

OK！一切顺利的话，恭喜你终于拿到满意的offer了！优雅地离开原平台，哪怕是在最后一秒，留一个美丽的背影给原来的平台。

01	何时辞职	104
02	告知何人	104
03	辞职地点	105
04	打情感牌	106
05	优雅谢幕	107
06	帮助继任	107
07	离职证明	108
08	温馨告别	109

第11章　我是新人

入职新平台是职业生涯的新起点。如何快速适应新公司的企业环境、企业文化是个难题。空降兵的阵亡率是挺高的,不可小觑。本章我会和大家一起分享个人总结的经验和心得。

01　亲善关系 …………………………… 116
02　熟稔平台 …………………………… 117
03　重要紧急 …………………………… 118
04　核心团队 …………………………… 118
05　团队默契 …………………………… 119
06　培养默契 …………………………… 120
07　危机管理 …………………………… 121
08　忍耐等待 …………………………… 122
09　兼听则明 …………………………… 123
10　留白思维 …………………………… 124
11　亲近思维 …………………………… 125

第12章　心心相印

读着"心心相印"这四个字,是不是心里微微地有点温暖?人与人之间是有磁场的,需要我们用一颗真诚的心润物细无声地去和团队沟通交流,相信"种瓜得瓜,种豆得豆"。工作也是生活的一部分,甚至是一大部分,如果我们用理性的头脑加上情感的润滑剂去经营,相信有一天即便身体深陷雾霾,内心也是春暖花开。

01　平易近人 …………………………… 128

02	高效倾听	…………………………………	129
03	量身定做	…………………………………	130
04	离开电脑	…………………………………	131
05	奖励小美	…………………………………	132
06	金口常开	…………………………………	132
07	赞美之词	…………………………………	133
08	赞美时效	…………………………………	134
09	隐形超人	…………………………………	135
10	忠言逆耳	…………………………………	136
11	多多鼓励	…………………………………	138
12	肯定日记	…………………………………	139
13	变幻无穷	…………………………………	140
14	基层员工	…………………………………	141

第13章　老总选才

我多年来和不同公司老总合作，在这里给读者分享其中总结的经验和方法，我们一起共勉！真心期待各行各业的领导能分享更多的选才心得，可以让想加入贵平台的同仁更具体细致地了解你，又可以传播你的选人、用人之道，同时还可以分享公司的文化和远景。这是多赢的功课，何乐而不为呢？

01	分析自我	…………………………………	144
02	个人战争	…………………………………	146
03	不拘一格	…………………………………	146

| 04 | 三顾茅庐 | 147 |
| 05 | 老总思维 | 148 |

第14章 29招助你职业常青

身在职场，难免会遇到经济萧条，行业不景气或公司裁员。如何在这些动荡中使自己不受局势影响，屹立不倒？以下29招帮助你职业常青。

01	健康第一	156
02	听从内心	161
03	跑道环境	162
04	明星教练	163
05	轻装上阵	166
06	跑道队友	167
07	擅长or喜欢	169
08	我去何方	170
09	钱很重要	171
10	钱不重要	172
11	珍惜机会	173
12	逃离or留下	174
13	多说少说	176
14	多做or少做	178
15	梦想or幻想	180

16	竞争or斗争	181
17	简单or复杂	183
18	用针挑土	185
19	淡定从容	187
20	高效沟通	188
21	面对不公	189
22	学会独处	191
23	真心热爱	193
24	有点野心	195
25	真实一点	197
26	再狠一点	198
27	柔和一点	200
28	宠辱不惊	201
29	超级专注	203

第15章 案例分享

在本书的最后一章，我会在分享真实案例的同时诚心诚意送给所有职场的朋友们三个锦囊，希望能助你们茁壮成长！

01	避生就熟	206
02	精益创业	213
03	有所不为	214
04	精彩人生	222

第一章 / 是否跳槽

想清楚是否跳槽比跳槽本身更重要。

01 公司政治

在寻访某上市集团公司快消行业的总经理时，我找到了Kevin。他曾历任销售额过百亿上市公司的集团销售高管、区域总经理，业绩斐然，仪表堂堂。初次相见，从他清澈的眼睛里我看到的是执着和坚定。我和他深入交流后发现他在反复强调自己是个专心做事的人，不喜欢搞政治。

一个春雨绵绵的夜晚，我们一边喝茶，一边闲聊："从W出来以后这几年创业顺心吗？"我隐隐感觉到他有点淡淡的失落和惆怅。"Amy，你知道我从来没想过离开W企业，服务了十多年，从基层一直做到管理层，还是有感情的，离职那天我把整理的物品拿到车里，热泪盈眶！出来后创业的项目和我原来的行业无关，原计划投入1000万元，实际投入了2000万元才搞起来，跨行创业，很多东西都要学习和操心……现在和合伙人商量了，主要让合伙人负责运营管理，我自己还是想回到熟悉的快消行业发展。"

"那你为什么离开呢？"我心里暗暗觉得他跳槽多少有点冲动。

"公司并购后人事上发生了很多变化，我是喜欢专心做事的人，不喜欢搞办公室政治……"

后面的谈话省去，虽然有点担心他过于强调做事而忽略做人，综合评价下来他的专业能力和人品、价值观都是合格的，我把他推荐给了我的客户。客户是知名上市集团，其中负责这个项目的高管和他一见如故，他们开始了愉快的交流。随着交流的深入，Kevin主动说出了他自己的担心。

"刘总，我几十年下来都是专心做事，你给我一个目标，我会义无反顾、全力以赴地去完成，但是不喜欢政治斗争。喜欢在比较单纯的环境里做事。"

"王总，我和你说说我的一些想法，职业经理人在40岁是一个坎儿——从中层迈向高层关键的一个坎儿，跨过去就跨过去了，跨不过去的话，对自己有高要求的职业经理人来讲其实是挺痛苦的，这个阶段做人是挺重要的，有时甚至比做事更重要！你不要排斥它，要把做人也看成工作的一部分，这样才能更好地上一个台阶！这是成为操盘总经理的必经之路，是必须跨过去的坎儿！"

Kevin若有所思地点点头。

Kevin最后和这个机会失之交臂。主要原因是他个人性格限制了他的发展。他现在回归快消行业创业，希望他快乐地创业，创业有成！从某种意义上讲，创业更适合他的职业发展。

天下熙熙，皆为利来；天下攘攘，皆为利往。政治源于利益冲突。人与人之间、派别之间产生纠纷无非是由于在资源的占有和分配上出现了问题。除非生活在真空，否则有人的地方就有政治，只是程度不同而已。

如何在复杂的职场生态环境中游刃有余，我送大家三个锦囊。

第一个锦囊：要能持续为公司创造更多更好的价值。

最好超预期地创造价值；经理人要尽全力保证这些增加的价值是公司重要决策者所关注的。

第二个锦囊：建立起自己的人脉网络。

要理解并摸清公司非正式体系，要能读懂哪些人对你的去留起关键作用，并想方设法认识这些关键人物，并与他们取得持续高效的交流。

第三个锦囊：不断拓展自己的交友圈，需要向上、向下、向其他部门拓展。

我们对跨部门、跨工种甚至于跨国界的合作要努力学习并乐在其中。

经常听到身边的候选人抱怨："我的新上司排挤我，把我的核心骨干都换掉了，我需要的资源也不给我配，没法干了！""创业的元老帮一起排挤我，架空我的权力，我每天无所事事，没法发挥自己的专长……"我们可以像Kevin一样创业或者换一家新公司，但你就能保证下一家公司或者去创业就是完美生态环境？你能保证每一位同仁都欣赏你、协助你？Just dream！（做白日梦！）请你心仪的企业的朋友或者和你创业的弟兄们喝个茶，聊聊天，了解一下他们企业的情况，可能你就会哑口无言。公司股权结构、公司性质、文化背景等因素都会影响到公司政治。政治课是经理人必做的功课、必修的学分，我们修的学分越高，我们就越能在职场中游刃有余！

02 老板走了

先提个小问题：如果你现在的直线领导跳槽去新公司，他在私下邀请你和他一同跳槽，你会义无反顾地跟他走吗？

故事A：闺蜜Cindy已跟随了7年的直线老板Wely跳槽去了更好的大平台，前不久邀请Cindy加入他的新团队。新领域、新职位，有挑战，也有很大的发挥空间。Cindy已经在目前的公司服务了7年，职位不错，和同事、领导都很熟悉，公司发展也挺好。是该走还是该留呢？Cindy陷入了深思。

故事B：Leo最近刚升职了，接替他前领导Kevin的位置。Kevin拿到风投去创业了。昨天Leo接到Kevin一个电话，Kevin有个和Leo专业领域特别吻合的职位，所以诚邀他加盟。Leo纠结了。

故事C：Marry的直线领导Megan跳槽去了一个相对中等的平台，职位和薪酬都得到很大的提升。Marry服务的是一家五百强的跨国公司，培训的机会多，工作环境也比较舒适，管理人性化，但职位比较低，升职空间比较小。Megan在一次聚会中向她抛出了橄榄枝。Megan提供的职位和薪酬都不错，而且可以提升Marry的管理能力。Marry应该义无反顾跳槽吗？

　　类似以上的小故事经常发生在我们身边，应该如何抉择呢？这时就需要我们清晰定位，理性规划。在我看来，职场就是战场，把握住核心的几点才能取胜。

　　核心点一：**知己知彼，百战不殆**。先对自己的职场生态环境进行SWOT（Strength优势、Weakness劣势、Opportunity机遇、Threat威胁）分析。

　　核心点二：**选择战地、战友、战机**。战地和战机我们在后面会详细讨论，这一节我们重点讨论如何选择战友。现今的职场是明星团队的打法，老板是你最核心的战友之一，选择老板和选择伴侣一样重要。

　　从传统文化视角看管理，我欣赏《孙子兵法》，孙子曰：将者，智、信、仁、勇、严也。（意思是将领足智多谋，赏罚有信，对部下真心关爱，勇敢果断，军纪严明。）如果你遇到的老板五条都具备，那么你要死心塌地跟随！可惜这样的机会往往可遇不可求，取舍之中必须要懂得抓大放小！主要权衡三个关键点：一、他是否对你真心关爱？契约形成的基础不仅仅是一纸合同，而是彼此信任和价值观的共鸣。二、你们是否会有一种潜意识的chemistry（缘分）。三、他是否能成为你职业生涯的mental（精神导师、领袖）。夜深人静的时候，问问你的内心。

　　现代管理书籍浩如烟海，候选人和客户也给我很多信息和启发，我从中吸取精华总结出了评估管理者的重点。

　　（1）领导能力（Leadership）。较强的指导、激励、开发和个人支持的能力。善于通过设立清晰明确的目标和可行的达成方法，极大限度发挥团队成员和部门的潜能，并帮助个人实现自身的成长和人生目标。

　　（2）战略聚焦能力（Strategic Focus）。拥有丰富的行业经验，极强的战略思考能力，能够坚定地制定、校准组织战略以推动目标的达成，并具有承上启下的目标分解管理能力。

　　（3）执行力（Delivering Results）。必须是"Can Do"型组织领导

者。善于组织协调不同部门和多个专业团队，通过制定行之有效的相互协作规则、详细的运营流程守则、完备的计划，分析实现目标所需要的条件，组织协调相应的资源储备和技能培训，能有效实现目标并达到预期结果。

（4）商业敏锐（Business Acumen）。拥有丰富商业实战工作经验，懂得如何将潜在的价值体现到企业的发展与成功中。

（5）管理变更和风险（Managing Change and Risks）。拥有丰富的风险管控经验。

（6）持续改进与创新（Continuous Improvement and Innovation）。拥有广泛和专业的持续提升经验，尤其擅长领导高效的服务改进以推动企业发展。

职场就是战场。你不为任何人负责，你为你的职业生涯负责！

小贴士　美国犹他大学教授布莱恩·邦纳（Bryan L. Bonner）和爱达荷州立大学副教授亚历山大·博林格（Alexander R. Bolinger）在一篇题为《最佳团队的秘密》中分享到，通过实验表明，目前主宰团队的标准将从社交影响力转移到信息影响力，那些无关因素将被剔除——不仅包括自信和外向的性格，还有地位、经验、资历、魄力、性别和人种。

03 奖金太少

三年前，在寻访金融控股集团的投资总监的过程中，一个特别的候选人刘帅进入我的视野。在非常浪漫的北京兰会所，我们开始了一场毫无浪漫情调的谈话。

"平台挺不错的，怎么会考虑离开呢？！"我好奇地问这位年轻才俊。

"平台是不错，我有机会做很多的大项目，也对我个人的专业积累有很大帮助，但是你知道吗，我们的薪酬和奖金真的距离市场水平非常远！不瞒你说，去年的年终奖才一万元！"

"薪酬大大低于市场平均水平确实是不公平的，北京的生活成本这么高，这几年确实不容易，但你这么年轻，才20多岁，先别把薪酬作为去留的核心因素考虑，这个平台能给你其他平台难以企及的机会和资源，千载难逢！我建议你最好在这个平台上好好干个三五年，再考虑下一步的发展，做任何事都有得必有失！"

经过仔细考虑和权衡，刘帅放弃了立刻跳槽的想法，选择踏踏实实地在岗位上不断提升和历练自己。经过几年的沉淀和努力，他的职位得到了大幅度的升迁，薪酬也得到一定程度的改观。

职场上的稀缺资源不仅仅是一份高收入的工作，更重要的是一份高附加值的工作。这份工作的高附加值主要表现在：可以大幅度提升自己的格局，拓宽自己的视野，或者有导师引领你迅速顺畅进入职场快车道，甚至可以带来一份美丽的缘分。**千万不要被眼前的利益蒙住眼睛，职场青睐长跑健将！**

04 基薪太低

"我工作三年了，一直很敬业，每年都超额完成任务，上司每次说给我涨薪，今年总算涨了，看了工资卡，仅仅涨了3%！"

"我当时特别想来这家公司，所以薪水没提任何要求，现在工作了三年，和同行比较，Base（基本薪酬）低了不是一星半点，相差太远！"

"我们公司基本薪酬低但是奖金比较高，前几年拿到的都不错，但是从去年开始这个行业就在走下坡路，只拿到很少的奖金，所以现在考虑看看外面的市场机会！"

Base（基本薪酬）过低对管理层发展大大不利。如果这样的公司附加值不是足够高的话，一定要早做打算。薪酬在一定程度上是衡量管理层人力资本价值的重要依据，即便你的专业能力非常强，也有可能面临下一家公司对你的各种疑问。这样的薪酬在你跳槽谈薪时会是个比较艰难的谈判，很可能遇到新雇主的压价和各种质疑。这是笔者多年来看到的很多赤裸裸的现实！尽早放弃基薪过低的平台。从企业和用人单位的角度来讲，合理激励才能留住优秀人才，这是从创始人到中高层每个人都需要重视的问题。

05 公司调岗

"公司被并购了，我的职位发生了调整，和我的期望值差距比较大呀！"

"我在运营管理岗上工作了十多年，今年从运营总经理调岗到了人力资源总经理，快40岁的人啦！"

"最近空降了新领导，我现在职位没变，但是工作内容变化很大，没什么具体的事儿做，我也不想混日子，想看看外面的机会！"

公司调岗大多数原因是组织变革的需要。如果自己刚好身在其中，先别急于跳槽，不妨冷静客观地分析自己在新岗位的就业竞争力、适应能力、物理环境、人文环境。静下心来评估一切生态环境，如果综合评估下来还不错的话，不妨挑战一下自己，快速适应新环境，留下来或许是更合适的，毕竟人熟是宝！在熟悉的环境里做很多事都游刃有余，试错成本也相对较低。从企业的角度来讲，企业面对老员工都会谨慎处理，即便是让你负责不熟悉的领域，可能是领导信任你，在锻炼你、培养你，希望你能为他挑大梁。领导的信任对管理层而言也是一种宝贵的稀缺资源。

06 老板画饼

"当初老板请我来当总经理时我热血沸腾，我看重的是平台，其他也没在意！谁想到这半年他什么也不支持，每个月工资都不能发全，所有公关费用全是自己垫钱，我原来可是一个月薪8万元的企业副总呀！"

"老板说好完成业绩给我发奖金，业绩是完成了，奖金一分没有！"

以上都是血淋淋的教训！虽然职场中大多数老板都是一诺千金，但总有个别老板在某个阶段主动或者被动地犯糊涂！老板不靠谱，平台再好也没用！马上跳槽！业余时间多学学劳动法，学会用法律来保护自己，必要时通过专业的律师和法律机构来维护自己的合法权益。

07 公司搬家

"公司总部要搬到上海，我房子买在北京，老婆、孩子都在北京，还是想留在北京发展！"

"公司要搬到望京，我家离望京很远，每天通勤的时间要4个小时以上，真心远！所以考虑看看离家比较近的公司！"

"公司搬到远郊,提供住宿,但是我还是喜欢在城区生活,所以考虑新的工作机会!"

跳槽是合理的。工作是生活的一部分!时间应该花费在美好的事情上,浪费在通勤上未免太可惜!长此以往,对身心都不利。权威机构调查数据显示,通勤的时间直接决定着生活的幸福指数。需要指出的是一线城市通勤的时间都不短,在公司地点发生改变增加了通勤时间的情况下,可以考虑变换居住方式,比如在公司附近租房,变换出行方式比如搭乘地铁等。

英国国家统计局公布了一份深度调查结果,显示通勤影响个人幸福感,通勤所需时间越长,幸福感越低。

● 影响幸福

在这项调查中,英国国家统计局调查人员采集了6万人的通勤时间和多项幸福指标等信息。调查对象中91.5%为通勤者。

结果显示,与非通勤者相比,通勤者对生活满意度、日常活动的价值认同感、幸福感都较低,而焦虑程度较高。通勤时间每增加一分钟,只有焦虑感随之增加,其他幸福指标都随之降低。

调查人员发现,乘坐不同交通工具通勤对幸福感的影响有所不同。坐铁路列车的影响甚于自驾。步行或骑自行车通勤同样降低幸福感,可见这两项运动虽然有益健康,但缓解压力的效果不如预期。骑自行车的通勤者,如果单程所花时间为16~30分钟,快乐感低于以任何交通方式、单程时间少于16分钟的通勤者。

乘坐公交车上下班的通勤者,对生活满意度最低,而且更多地认为日常所从事的活动没什么价值。

● 关乎时长

调查结果还显示,上下班路上所花时间在61~90分钟的通勤者,幸福感受影响程度最高,可一旦通勤时间达到或超过3小时,幸福感反而出现回升。

报告说:"在各项幸福指标中,通勤对焦虑感和快乐心情的影响最大,这意味着通勤影响每天的情绪甚于总体生活满意度或者日常活动的价值认同感。"举例而言,各项评分为0~10分的指标中,就生活满意度一项,非通勤者的得分比通勤者高0.14分;快乐心情一项,非通勤者比通勤者高0.19分。

英国《每日邮报》曾援引调查人员的话报道,通勤者在各项幸福指标上得分低于非通勤者,虽然差别不大,但已经具有统计学意义。

● 负面难消

报告说,鉴于通勤使个人整体幸福感降低,其他因素,譬如更高收入或者更好的居住条件可能无法完全抵消通勤带来的负面影响,人们可能做出次佳选择。

英国加的夫大学可持续空间研究所的丹尼尔·纽曼博士说:"这份报告说出了众所周知的事实——通勤是一件辛苦活儿。大多数人有过这样的经历,早晚坐在车中等待通过拥堵或者在挤得像沙丁鱼罐头一般的火车车厢中煎熬。"

纽曼说,先前研究显示,通勤影响身体健康,通勤者从事体育锻炼较少,在家吃饭较少,出现失眠和关节疼痛情况的较多,"这些身体问题可能影响心理健康有一定道理。"

08 频繁出差

"我这半年不是在机场,就是在去机场的路上。半年已经飞出了一个金卡!回家宝宝都不认识我了!"

"每个月有三周在出差,小孩上学的事都是我助理在帮忙,老婆意见大了！"

"每个月有半个月在外地出差，孩子太小，家顾不上呀！爱人老和我为这事吵架……"

每每听到候选人说到这些时，我的第一感觉是职场人士真不容易！难怪《爸爸去哪儿》会那么火！亲情是我们一生的牵挂！我的态度基本是赞成跳槽的！陪伴家人的时光是一生最美的时光！且行且珍惜！

09 公司文化

"公司是老国企，发展缓慢，但是市场变化快，现在公司业绩平平，能人都快走光了，就留下一帮混日子的人在等着退休，真没劲！"

"刚进公司就有几个派系的人找我吃饭，整天拉帮结派，真没法待了！"

"公司中层都是上海人，我是外地人，受排挤！"

"公司同事各自为政，一团散沙！进入公司就像进入冰窖一样！"

每天我们都能听到各种候选人爆料各种企业文化，深感相当一部分企业要想营造良好的企业文化还需要走很长的路。企业文化是企业最大的无形资产。让我们一起为自己服务的企业尽一份心力！Linkedin联合创始人兼执行总裁雷德·霍夫曼在《新雇佣时代：联盟关系》的文章中强调新型雇主—雇员契约的重要性在于：虽然它并不以忠诚为基础，但它也不仅仅是纯粹的交易。它是组织与个人之间的联盟，联盟双方都致力于帮助彼此走向成功。

10 老板换了

"我的老板一年换了三任,一任一个风格,受不了!"

"原来老板管理还好,现在换成老板娘管理,完全不懂金融,瞎折腾!"

"老板招我进他公司时说得特别好,让我尽情发挥才能,现在我就是个傀儡,他听不进去任何意见!他的决定就是真理!"

"我的老板是个工作狂,他不休,我们也休不了,一周七天工作日,长期这样下来,连孩子放暑假都没时间陪!"

"我的老板追求完美,每次汇报的时候PPT发给他至少要修改10次以上!"

"老大一发脾气,就骂人!都是很难听的脏话!"

职场中直线老板管理版本层出不穷。客观地讲,大多数老板做人和做事都是挺靠谱的。老板偶尔有过激语言、过激行动也无可厚非,做下属的要有一颗包容的心。毕竟老板比我们操心多了,压力也大多了。如果老板频繁地出现粗暴言行,离开是必然的。管中窥豹,这个企业,这个部门有这样的领导,能否长远发展令人堪忧。选择企业很重要,选择老板更重要!好老板是我们职场的贵人!

小贴士

数据:某外企2014年面向员工群体进行过一次调查,调查有效率为87.8%,其中有28.4%的人明确表示不喜欢自己的上司,66.1%的人表示最不能接受上司的不公正对待。民主型的上司最受员工喜爱,占比41.4%;31%的人是因为与上司不合选择离职的。

11 天天加班

"公司常年加班,每天工作10个小时以上,公司规定高管一个月休息4天,就这4天时间还经常被公司通知开会!"

"公司其他部门都很少加班,就我们部门头儿天天要求我们加班,活多要加班,活少也要待到晚上7点以后才能下班!"

"公司经常加班,一加班就通宵,这样一两次没事,常年下来身体真吃不消!"

我个人对盲目加班的文化是深恶痛绝的。每每看到候选人黑黑的眼圈、消瘦的身形或者因长期睡眠不足而冒出不是青春期的青春痘,我心里会莫名地难过!或许有人会说高薪意味着高压力、高强度、高风险……没错,高薪是需要代价的!但是高薪也代表他们高智商、高情商、高技能、高附加值……他们也是人,人不是机器!据权威媒体报道,金融、咨询和传媒行业是加班的重灾区。需要重点关注!职场是一场马拉松比赛,谁笑到最后,谁笑得最好!所以,亲爱的管理者,长期玩命地工作不是职场主旋律。你们是宝贝!父母的宝贝!家人的宝贝!社会的宝贝!离开严重加班的企业,去选择既爱惜你们才华,又关心你们身心健康的企业吧!我为你们的跳槽鼓掌!健康的身心是企业的财富,更是我们全人类、全社会的财富!

12 公司风险

"公司财务状况我比较清楚,老板的期望值超出我的能力范围,我不想为了一点薪水去冒这么大的风险！"

"公司不拖欠我的薪水，但是拖欠我团队的薪水，和老板沟通了很多次也没用！你让我这个总经理怎么当？"

"公司老板被抓了，现在他的亲戚帮助打理企业，管得乱七八糟的！""每天都看到公司走人，跟老板一起打天下的元老都走了！"

遇到诸如这些候选人述说的理由，都不宜久留。我总结了一下不宜久留企业的特征，在这里我们主要关注三个维度：管理、财务、经营。

（1）管理方面。

① 企业无大将可用，中层无能；

② 企业高层斗争激烈，核心团队流失严重；

③ 企业管理制度混乱，员工公器私用，腐败严重；

④ 会议过多，或者只开会不决策；

⑤ 总经理独断专行，爱听奉承；

⑥ 董事会成员构成失衡。

（2）财务方面。

① 企业财务规章制度形同虚设；

② 独断企业的总经理控制着被动董事会；

③ 企业没有财务预算或者不按照预算进行控制；

④ 企业没有成本控制系统；

⑤ 欠债太多。

（3）经营方面。

① 企业的大部分利润来自老板的私人关系；

② 过度依赖大项目；

③ 企业过度发展，核心竞争能力欠缺；

④ 企业战略守旧，应变能力差，硬件陈旧，产品毫无创新；

⑤ 频繁欠薪（当然第一次欠薪就要警惕）；

⑥ 人员流失率过高；

⑦ 薪酬在市场上过低，过高亦然；

⑧ 企业的办公环境过差，比如污染严重、辐射严重；

⑨ 企业的一线员工经常抱怨公司；

⑩ 企业的人力资源人员专业性差。

小贴士

　　Rita Gunther McGrath在《瞬时竞争优势》一文中给出非专业人士分析企业的方法——问问你自己，你的企业是否存在以下情况中的四个以上：

- 我不会购买自己公司的产品和服务。
- 我们的投入没有减少，甚至在增加，但利润或回报却没有提高。
- 消费者发现更加便宜或简易的解决方案，这些方案对他们已经"足够好了"。
- 在我们预料之外的地方出现了竞争。
- 对于我们的产品，消费者已不再感到兴奋。
- 对于我们希望雇用的人，公司已经不再是他们心中最佳的工作场所。
- 一些最优秀的人才正在离开公司。
- 我们的股价正在不断下跌。

13 为了孩子

　　某知名快消行业人力资源总监在找到自己的下一任后，和老板友好协商，离开自己服务了7年的公司。为了女儿高考，她辞职在家，专心陪女儿半年，女儿高考如愿以偿考入一本，她重新返回职场，格外开心！

"孩子今年高考，我这经常出差怎么照顾孩子？！想找个不用经常出差的工作，收入低点都没事！"

"我和老婆两个都忙着工作，一直没怎么管儿子，现在孩子要中考了，成绩不行，我准备找个不那么忙的工作，朝九晚五的，好好带带儿子！"

"公司要派我去外地，儿子小，家里没老人，老婆又忙，所以想找个长期在北京的工作，可以照顾儿子！"

"女儿上小学了，现在放学早，没人带不行，所以想找个不用经常加班的工作！"

每每听到这样的话语，我不禁想到一句老话：可怜天下父母心！改变不了就尝试跳吧！我们帮你们一起跳！做了这么多年猎头，我们深知跳槽看上去很美，真实的情况是好的职位都是人才市场的稀缺资源，需要天时、地利、人和才能得到。为了孩子，很多跳槽的父母都做了或多或少的放弃！但是谁说为了孩子适当放弃不是一种别样的美呢？

14 名企情结

"我在小私企干了几年，一直想去名企学习一下！"

"找第一份工作时就希望能进五百强企业工作，现在毕业三年了，还是想圆梦五百强！"

"特别想学习学习标杆企业的管控模式，如果XX公司有合适的机会一定要及时分享呀！"

去名企工作我个人是非常提倡的。不管在职场的什么阶段，我们都值得认真尝试。暂且不说名企拥有相对舒适优越的工作环境、良好的薪酬福利等，最核心的是企业赋予你更多的职业发展机会和相对比较优质的人脉。企业的品牌在一定程度上能给个人带来成功，但很多时候品牌和优秀的领导力是密不可分的。一些国际化名企背景的平台能培养我们成为跨国管理人才。这样的平台对大多数职场人士来讲，受益终生。名企的门槛是高于一般企业的。候选人如何跨出第一步呢？至少提前半年时间利用业余时间做足功课（后面章节我们会详述），对目标企业做SWOT分析，具体到你要去服务的部门，经常和具体行业的专业猎头和人力资源朋友交流，最好能和心仪企业的员工交流，收集市场信息，恶补自己的短板，比如英文、沟通技巧、管理水平，等等。技多不压身。

15 朝朝暮暮

"男朋友在北京，我在杭州，希望能有机会来北京发展！"

"老婆、孩子都在北京，我长期在上海也不是个事儿，想找个机会回北京！"

"老婆说了要不离婚，要不回北京，我在国外发展不错，但是长期分开不好，而且我们也想要个孩子！所以考虑北京的机会。"

夫妻团圆天经地义。我们一起努力帮大家团圆，毕竟两情若是久长时，最好朝朝暮暮。尊重爱人，爱惜家庭必定是美好人生的主旋律。在我看来，人生的成功并不仅仅局限于职场，生活的美满最重要。

16 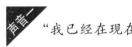 跳槽频率

> **忠告一** "我已经在现在的公司服务五年多了！"

恭喜你！职业稳定性较高，同时也提醒你，可以用至少一个月以上的时间去做一项功课，从三个维度分析目前所在的平台。

（1）从战略层面来看，五年通常是企业的一个战略规划从无到有再到实现的周期，企业的战略执行得如何？是否落地？公司未来五年的发展战略如何？同时你可以评估一下你的企业所在的生态环境，是成长型的企业还是成熟型的企业，是朝阳产业还是夕阳产业，企业的前瞻性如何？企业在行业内的地位是否有大幅度的提升或者降低，原因是什么？公司的竞争对手发展得如何？为什么？可能读者会提出疑问，我不过是个部门经理或者一个小主管，我犯得着吗？除非你对你的职场未来发展无所谓，否则不管你是什么职位，你都需要做这门功课，你必须对你的平台所在的生态环境了如指掌，培养自己的战略思维和格局，特别是培养自己的商业思维。

（2）从你所在的部门来分析。你的部门是公司的核心部门还是边缘部门，如果是边缘部门，那么原因是什么？为什么会成为一个边缘部门？如果是核心部门，为什么会成为核心部门？你的团队综合情况怎样？哪些同仁升职比较快，为什么？哪些同仁离开了也可以了解了解，他们去了哪些公司，发展得如何？你和这些同仁比较，哪些是你的优势，哪些是你的劣势？精益求精的做法是你可以做个行业人才流动的数据分析，寻找适合你职业发展的一些行业规律。市面上的报告很多，但是只能供你参考，你

自己收集整理出来的更具代表性。还有一个捷径，就是结交同行业的前辈或者行业内资深的猎头顾问和人力资源人士，听听他们的经验分享。

（3）认真规划五年后的自己。深刻分析你服务平台期间的所有得与失，利用各种工具——SWOT分析、定性定量分析等，总结你的核心竞争力。你要站在局外人的身份看自己，五年后的自己需要哪些核心竞争力，目前的平台是否可以让你拥有可持续性的核心竞争力。

"这三年我虽然是一年一跳，但是真不想这样，有很多原因呀！"

任何企业都是不完美的，所以别苛求完美！任何平台都会发生很多突如其来或者不可预期的变化。比如说战略并购、组织架构调整、跟随多年的直线领导的离开、企业文化不认可，等等。选择离开看似最简单、最方便、最快速解决了暂时的困境，实际上可能折射出你某些能力的缺乏。比如说前瞻性、对行业的洞察力、冒险精神、创新力、抗压性、不轻言放弃，等等。要抽丝剥茧地分析自己，反省自己的不足，多找内因，少找外因。忍耐和等待可能比匆匆跳槽更难，更加举步维艰，但是如果权衡利弊可以得到更好的、更长远的发展，那么留下来继续服务平台就值得大胆尝试！

在我看来，频繁跳槽的结果必然是职场之路越走越窄，特别是企业的中高管职位。任何平台对中高管的核心诉求之一就是稳定性要高，中高层的稳定性关系到企业的系统安全、雇主品牌、客户关系等方方面面。或许有些职场人士会说我能力很强，跳槽频率高依然能找到工作，但请记住：很少有老板会重用跳槽频繁的你！即使想重用你，你可能也需要比职业生涯稳定的同仁更漫长的考察期。

17 职业发展

"在我们集团,你不必是专家,你能看住我的买卖就行,秘书帮可以做到事业部一把手,业务帮最多能做个部门老大!所以我离开了!"

"公司中层以上都是老外,中国人想升职基本没戏!"

"公司领导全是台湾人,待在公司根本爬不上去!"

"不想一辈子做技术,想找个机会转销售,我的性格适合做销售!"

"我就想操盘一家企业,所以想去民营企业锻炼一下!"

职业发展是多数职场人士考虑跳槽的核心原因。不同行业、不同职位、不同年龄阶段、不同地域的管理人员职业规划各有千秋。孙子兵法中讲"知己知彼,百战不殆"。请先静下心来好好分析自己,对标和你相似领域的精英,对标你平台最优秀的同仁,认真地做SWOT分析,核心是提炼出你的硬件和软件有哪些与众不同,有哪些"卖点"(Selling point)!

18 尽职调查

"我真后悔跳槽,这个公司比我原来公司的公司文化差多了!"

"我的老板是希望把新业务做起来,但是集团的预算迟迟批不下来,没人、没钱,这活没法干呀!"

经常听到一些职场人士的抱怨之言，主要原因就是他们其实并没有真正读懂新企业。所以，我们要不断地提出目标企业的问题，针对这些问题不断地进行入木三分的分析。正如Intuit公司（美国最大的自助财务管理软件公司）的设计创新副总裁Kaaren Hanson曾说过：重要的是"爱上你要解决的问题"而不是解决方案，并且要习惯于不断地对答案进行调整和重复。记住：对目标企业的尽职调查是对跳槽最好的风险管理。从某种意义上讲，跳槽也是一种投资，是员工个人的人力成本的投资。

小贴士 尽职调查（Due Diligence Investigation/due diligence）又称谨慎性调查，由中介机构在企业的配合下，对企业的历史数据和文档、管理人员的背景、市场风险、管理风险、技术风险和资金风险做全面深入的审核，多发生在企业公开发行股票并上市和企业收购以及基金管理中。

关于早期、前途未明的创业公司，每个人有不同的评估标准。我只列一下我关注的点。

（1）本质上，这家创业公司在做什么？有真实需求吗？（what）

（2）它的产品创造了什么价值？是否足够大？（value）

（3）创始人是否发现了一个所有同行都未看到的市场？或对既有市场有独特理解？他是怎么看到的？他对行业既有现状的理解是否准确？（market）

（4）他的战略和公司的远景是否一致？如果有偏差，偏差是如何产生的？（strategy/vision）

（5）他认为达到其目标的最大障碍是什么？准确否？（strategy/execution）

（6）他如何看待竞争？（competition）

（7）他认为产品壁垒是什么？如何建立？（barrier）

（8）他将如何传播自己的产品直至拥有千万级用户？（customer acquisition）

（9）他是否有决断力？他以前做过哪些重大决策？效果如何？（decision making）

（10）他是如何管理并推动公司前进的？他的创业伙伴、员工是否与其有共识？（leadership）

（11）他是从什么时候开始思考创业及深入研究他所在领域的？他是否是这个行业最好的创业者？他的价值观是什么？明显缺点是什么？他如何听取建议？（people）

（12）他的核心团队的素质、斗志、执行力、合作方式是怎样的？有什么明显的欠缺？（team）

（13）公司是如何升级迭代的？公司上上下下升级迭代的执行力如何？（iteration）

19 跳槽时间

"我现在手上项目没做完，想做完后再考虑跳槽，不知道10月份有没有合适的工作机会呢？"

"我们公司的财年在7月份，我想看看公司财年后对我的定位再考虑是否跳槽，不知道8月份、9月份市场的工作机会多不多？"

房地产行业的售楼旺季是"金九银十"，招聘有"金三银四"。通常来讲，每年的招聘旺季都在新年过后的三月和四月。从招聘方市场来看，企业按照招聘计划启动，这个阶段的职位会很多，基本符合正常逻辑。当然每个行业都有季节性，不能一概而论。

需要指出的是高管职位不受传统招聘经验的影响，因为高管职位有突发性、偶然性，招聘的难度也是随着职位的要求水涨船高。如果您是高管，请做好至少半年到一年的跳槽周期的准备，稍安勿躁！

有以下三个原因。

（1）面试周期较长。具体地讲，面试高管的CEO的时间很难协调，作为高管的您的空余时间也是非常稀缺的。

（2）决策流程较长。有的职位可能需要董事会集体决议。

（3）谈判周期较长。高管的权责和薪酬激励，上岗时间都不能等闲视之，需要双方耐心地、细心地、友好地多次交流。

20 跳槽成本

"现在快到年底了，我想等拿完年终奖再去上班，你看能不能帮我和新公司谈谈？"

"我想给自己放个假，出去旅游一个月，能不能推迟一个月再去上班呢？"

从个人利益来看，年终奖等各项激励拿到了跳槽是最好不过的事，但是往往每个公司在引进人才时都有一个严格的时间表，即跟随公司战略发展的时间表。另外，公司可能急需候选人来公司帮忙解决一些重要紧急的问题。对于求职者来讲，有时为了新公司的战略放弃一点眼前的利益，从长远来看也是值得的！经常听到一些候选人拿到offer后总希望事事完美，随心所愿，抱怨损失了这个好可惜，损失了那个好可惜！不禁分享《西游记》中的一个小细节：孙悟空在陪唐僧从西天取经归来途中，经书不慎掉入河中后，唐僧小心翼翼晒经文时看到一些经书纸张无法复原，心痛不已。悟空轻声对师父说：师父，天地本不全，经文残缺也应不全之理，非人力所能为也！

第2章 咸鱼翻身

公司并购重组的人事震荡或者公司升迁论资排辈的陈旧管理机制等各种客观原因导致升职加薪遥遥无期，抑或自己的综合能力跟不上企业快速发展的步伐而惨遭淘汰。

坐而谈不如起而行！如何做好职业规划，化被动为主动、反败为胜、咸鱼翻身是值得我们探讨的。

01 接受现实

> "我们公司业务结构调整，整个团队都需要裁员，都是我一手培养起来的团队，心里真的不是滋味！"
>
> "最近公司股东结构发生了变动，我可能也会被调整，毕竟我这个岗位股东方多半会换他们推荐的候选人！说真的，人到中年了还要重新考虑就业，心里五味杂陈呢！"

部分管理者面临突如其来的职场危机最开始的状态就是拒绝接受现实，愤怒和抱怨是他们经常的表现。这一定程度上是因为他们在职场中一直春风得意，突如其来的危机会让他们惊慌失措，将失败原因归咎于所有客观的因素。社会心理学家在长达数十年的研究后发现这一点，并将其定义为归因偏向的一种表现形式。虽然归因偏向保护了失败者的自尊心，但对其成长非常不利，因为他们没能适时地反省自己的不足。

"实际一点！"这是擅长人际关系与生活策略的菲尔·麦格劳博士（Phil McGraw）经常和大家分享的一句话。他是心理学家，深谙把情感的包袱卸下来的好处。我们要去看事情真相，而不是让你个人的想象或者任何经验主义先入为主。我们能做的是尽量把自己置身于一个冷静的旁观者位置，去认清职场危机的事实，坦然接受它。

02 审视自己

> "我一直在大外企工作,完全习惯了大外企的文化和工作风格,业内知名的某某大项目都是我主导做的,现在公司战略调整,我们部门需要全面裁员,我也未能幸免!我是以管培生的身份进入这家企业的,到现在简历都没写过,从来没想过找工作的事情!"
>
> "我们公司是个创业型公司,今年公司融资出现了问题,我们部门全部被裁掉了!现在大家都在忙着找工作,很烦呀!"

很多时候职场危机也是转机。让我们停一停,静下心来客观冷静地审视自己,认清自己的所长所短。一些在大平台工作的管理层经常犯的错误是认为平台的耀眼业绩和客户眼中的光环都是和自己的能力息息相关的。实际上无论是你主导的项目抑或你参与的业内有影响力的创新仅仅代表你的一段经历,并不能说明你就是职场明星。还有一些在创业型公司工作多年的管理层有时又过于谦逊,总认为自己和大平台的管理层有很大差距,不够自信。其实大可不必!创新型公司最大的优势就是一人多用,可以充分锻炼自己的各项能力,发挥自己的潜能,因为好的创业型公司的环境组织架构相对扁平,公司战略调整比较灵活,团队凝聚力比较强,能够利用有限的甚至是比较匮乏的资源在激烈的市场中杀出一条血路来,你们是相当能干的!你们的老板可能就是下一个扎克伯格!你离老板近,离核心决策层近,潜移默化地会学习到很多公司管理的精华,或许经过在这样公司中的打磨,你出去创业就是下一个扎克伯格!

特别指出少数管理层,在我看来就像白开水一样,他们循规蹈矩、谨小慎微,考虑的都是自己的利益,而公司的利益、社会的利益和消费者利益鲜少考虑,或者如果触犯了他的利益绝对不作为。我个人不欣赏,难道人活着就不能有点更高尚的追求吗？总之既不要自惭形秽、妄自菲薄也不要居功自傲、目中无人，同时要摒弃随波逐流、得过且过等消极想法，拥抱正能量，认识真正的自己！

03 寻求外力

"离职期间，我的老同学经常和我交流沟通，他现在是高管，那么忙还帮我介绍各种新的工作机会，心里真的是特别感激！"

"我有几个服务我们行业的猎头朋友，我和他们长期保持互动，他们在我遇到职业变动的时候总是能给我很多实际的指导和帮助！"

认识自己是个艰辛的过程，绝非几个在夜深人静的夜晚做的总结就能搞定的。我们需要借力，需要和一些真正能帮助你在职场中有所建树的群体建立关系，寻求他们的专业支持和帮助。

或许你会下意识地想到最亲爱的亲人、闺蜜、哥们，可以，当然可以！但事实上他们未必是最理想的人选，他们会在情感上给我们很多支持，安慰我们受伤的心，照料我们疲惫不堪的身体。更有可能这种安慰仅仅是情感的理解和共鸣，而不是建设性的建议和规划，有时候过多的安慰会让我们沉浸在自己是个受伤的小羊羔需要他人无微不至关怀的负能量漩涡里，不能安安静静、从从容容、客观冷静、入木三分地去分析自己。

比较理想的行动是寻求值得信赖的、专业的猎头和职业规划师的帮助，更实际点的做法是虚心地和职场中值得我们信任的前辈、导师反复交流，谦虚地向他们请教，他们在职场中奋斗多年，有非常多的实战经验，会给我们很多的指导和启发。带上笔记本，好记性不如烂笔头，把核心点记下来或者更简单的做法是把你想记的都记下来，比如他们对自己的评价，比如他们对业内的一些独到的专业分析，比如他们对自己的中肯建议，照单全收。回家以后，认认真真地记录下自己的启发总结，不断抽丝剥茧地把自己当作一个课题来进行自我剖析。

04 规划方向

"从管培生开始我就进入现在服务的企业，一晃五年过去了，要不是业务结构调整我还真的一直考虑服务下去！现在有点迷茫了！真的需要好好规划一下！"

"我一直跟随老板创业，现在老板把公司卖了，移民了，搞得我有点被动了！想想是自己出去创业还是去公司打工呢？"

"我创业三次都失败了，有自己的问题也有大环境的问题，现在真的想好好思考一下自己是适合创业还是去企业做个职业经理人。"

规划职业方向在一定程度上就是经营你职场人生的战略。针对希望在职场上有所作为的人，不管是否遇到职场危机，最好都要用一段时间甚至很长的一段时间思考和规划自己的职业发展，同时不要忽略自己的婚姻、家庭。

如果前面两个功课——接受现实和寻求外力都完成得比较好，基本解决了"我在职场是谁"和"我在职场要什么"两个问题，下一步就是解决"我如何做到"的问题。路径是需要设计的，如果你恰恰此时此刻告诉我，你现在就是一门心思想要创业，家人也全力支持，目前有一个绝佳的创业项目，其他都看似不缺就缺天使投资的话，那么恭喜你之余，我想分享的是我的一个高管朋友在拿到天使投资之前见了100多家风投！所以要做好被100家风投拒绝的心理准备。如果你的路径是继续做管理层，那么我们可以结合自己总结出来的核心点去寻找下一个平台。平台永远不会敞开胸怀拥抱你，你需要设计出去心仪平台的路径，争取认识平台的高管或者人力资源部的工作人员，通过毛遂自荐或者和服务平台的专业猎头建立联系，主动寻找专业猎头的帮助，珍惜每一个猎头推荐的职位，有机会就去面试，用开放的心态迎接一切机会。虽然一些机会和你的平台期望值有差距，但是不去深刻了解一个平台，而是盲人摸象般了解一个平台，最后难免会以偏概全。另外，你可以曲线救国，先免费为一些心仪平台的朋友们做顾问，帮他们解决一些棘手的难题，得到他们的认可后再让他们帮忙引荐相关部门的高层。路径有很多种，需要我们不断地摸索、创新。

05 出身草根

"我在一家规模比较小的企业工作两年了，很想去知名企业工作，系统地学习和完善一下自己的专业能力！"

"虽然我现在在二线城市发展得不错，但是我还是考虑去一线城市发展，毕竟我这个专业在一线城市发展的机会和平台多得多！"

出身草根并不代表就是草民。现今的职场越来越开放，流行的说法就是越来越接地气。不管是明星平台还是草根平台都欣赏人品好、实干型的人才。如果你下一步的规划是去一个明星平台的话，那么评估一下自己的真实水平，查漏补缺。若是经济上没有太大的压力，可以选择继续深造。比较现实的做法是利用业余的时间进修学习，英文不好就恶补英文，沟通能力欠佳就去各种场合锻炼自己的沟通能力。现在网络教育也很发达，只要坚定学习一门新课程的决心，没有任何困难会挡住你前行的路。

需要强调的是，最好在现有的平台里踏踏实实地积累经验，创造出为企业做特别贡献的机会，在再小再普通的平台里做出了非凡的贡献都会让同行对你刮目相看。在服务的平台出现一些问题或瓶颈时，先别想着怎么跑路、怎么逃避，想想我能为平台做些什么。如果在企业遇到危机（违反法律层面的危机不在讨论范畴）的时候，你选择和老板、平台的同仁们站在一起，和平台共命运，帮助企业扭亏为盈，走上正轨，创造新的利润点，让企业走在良性循环的道路上，不但老板会重用你，而且你的职业生涯也会因此增添一笔靓丽的色彩，它就像一道美丽的彩虹，永远镌刻在你的履历中。

06 大家闺秀

"我在公司服务十多年了，原以为可以在这么大的集团服务到退休呢，谁知道大环境变化这么快，听说我们整个业务线都要被裁掉！现在大家都有些焦虑呢！"

"我们公司决定要把总部搬到上海，可是我家人都在北京，孩子还在上小学，否则我怎么也不会离开现在的公司，毕竟是五百强呀，而且发展也很好！"

谁说大家闺秀不愁嫁？现实中很多明星平台的管理人员在遇到职场危机时经常有些手足无措。为什么呢？通常来讲，大家闺秀长期在明星平台里工作，习惯了平台稳定的发展轨道、健全的管理机制、完善的薪酬福利制度，虽不会养尊处优，至少是不会天天居安思危的。如何应对突如其来的职场危机呢？从门当户对的角度来讲，很多大家闺秀首选和现有服务平台知名度匹配的大户人家"嫁"了，可实际情况是大户人家都是娘娘、公主一堆啦！大部分明星平台的人员流动性较小，相对而言空缺的职位也比较少，所以不能把宝押在漫长的等待上，时间成本太高，长期与职场脱节也不可取。很多大家闺秀出嫁很成功，并不是嫁入豪门，而是用更开放的眼光去看待下一个平台。

客观地讲，可以进行两个维度的拓展，横向拓展是平台选择的拓展，尝试转换职场跑道。 比如说去一个可能是个明星潜力股的平台，或者是一个市场上的新兴行业，再大胆点去一个你真心热爱的平台，适合你的不一定是你真心喜欢的，我倒觉得真心喜欢的平台可以与内心产生独特的共鸣，奏响浑然天成的乐章。**纵向的拓展就是专业领域的拓展。** 各行各业都有自己不同专业的延展性，作为管理层对这点应该是比较熟稔的。**在我看来，符合自己内心的价值观是最合适的选择。** 不要受自己个人意识或者情绪的操控，意识之流无穷无尽，情绪又是变化多端。但是价值观却可以成为你依靠的向导。分享一个小工具给大家：

你的价值观是什么？

下表选自"个人价值观分类卡片"（Personal Values CardSort，2001年）。该分类由新墨西哥大学的米勒（W. R. Miller）、德·巴卡（J. C De Baca）、马修斯（D. B. Matthews）和威尔伯恩（P. L. Wibourme）设计。使用者可快速标出个人奉行的价值观，在工作遇到困难时以此指导自己的行动。

精确	创造	谦卑	目的性
成就	独立	幽默	理性
冒险	职责	公正	现实
权威	家庭	知识	责任
自主	宽恕	闲适	冒险

爱心	友谊	精进	安全
挑战	快乐	适度	自知
变化	慷慨	不从众	服务
舒适	真诚	开放	简单
同情	成长	秩序	稳定
贡献	健康	热情	宽容
合作	助人	人缘	传统
有礼	诚实	力量	财富

07 我在乙方

> "服务XX乙方那么多年,现在就是想去甲方发展,甲方的职业发展路径会宽一些!"
>
> "我在XX乙方做咨询工作三年,基本是天天在出差,现在就想找个甲方发展,稳定下来。"
>
> "我们XX甲方太平淡了,每天就这么点事,对我来讲没有任何挑战性,我想去乙方工作,喜欢有挑战性的工作!"

多数在乙方平台工作的管理人员都有甲方情结。甲方平台对职业发展来讲相对宽阔点,视野和格局也相对宏观些,而且可以深谙公司的全链条,实现一些无法在乙方平台做到的全方位管理,个人成就感更强。然而谈起寻觅合适甲方的心路历程,很多人都有挥之不去的痛。

我本人在甲方、乙方两个平台都工作过,分享一点心得。从甲方去乙方工作的人相对比较少,很多人从甲方去乙方服务一段时间又回到甲方,主要原因多数是适应了甲方的工作文化和节奏。对于这类案例我们不做详细讨论。谈谈乙方如何成功跳槽到甲方。显而易见，以合作的甲方客户身份切入比较好，如果合作的甲方有合适职位的话，但是不要违反公司的规章制度。并不是总有这样的机会，怎么办呢？依靠专业的猎头公司帮助是一个明智之举；还有就是尽可能在现有的乙方平台上做出令人骄傲的作品、业绩、项目、Case（案子），让你的简历有多个闪光点，这样你就会在同行里脱颖而出。需要提醒的是乙方也有很多明星平台，你可以去明星平台学习锻炼几年，在明星平台的经历可以为你的简历画龙点睛，也可能会让你真正认识自己更适合甲方还是乙方。

乙方多数是以结果为导向或者以业务为导向，甲方多数是过程管理和结果管理并重，同时甲方对协同要求可能更高，需要你整合和协同各方面的资源来完成目标。举例来讲，猎头公司的猎头去企业做招聘经理是很常见的事，但是并不是所有猎头都适合在甲方发展。原因是招聘经理的核心职能之一是企业内部招聘流程管理，需要和猎头公司、业务部门、企业领导、人力资源部的上级下级等进行沟通协调。每天花在沟通协调上的时间比重比较大，因此对沟通协调能力的要求是比较高的，偏重过程管理。而猎头需要同时为多家企业服务，核心指标之一是是否如期完成业绩，故而对多项目的快速专业的跟进要求比较高，偏重结果管理。因此在选择跳槽前我们需要静静思考一个核心问题——我的性格是否真正适合在甲方发展，乙方环境会不会更让我如鱼得水呢？

08 职业女性

我也是一位女性，从懵懵懂懂的青涩少女磕磕碰碰地成长为一位职业女性。在我眼里，每一个女人都是上帝送给人间的尤物。女人就是到了80

岁也要有一颗女生的心。特别开心和大家一起探讨女性的职业规划。送给女性四个字"三心二意"。

首先要有决心。决心做一位优秀的管理人员，要有披荆斩棘的勇气，遇到任何阻力都不言放弃！职场里需要的管理人员，对性别没有刻意的强调和区分。遇到职业危机的时候，不要先想到逃避现实，回到家庭的避风港做个全职太太。当全职太太真的很充实幸福吗？近观我们家小区里那些全职太太的生活，她们的生活是非常琐碎和忙碌的。真不轻松！轻易离开职场这个大舞台未免有点小可惜，可以在某个阶段做全职太太，比如说孕期或者孩子年幼时，但在大好青春年华做个家庭主妇是需要慎重考虑的。有才华、有个性、有梦想的女性可以通过睿智的大脑做到事业和家庭的平衡，将事业和家庭平衡好的优秀职业女性不胜枚举。由于职业的关系，我经常近距离接触她们，受益良多，有时还成就了一份难得的友情。如果身边接触不到这样的女性，可以看看那些成功的职业女性的传记，比如全球知名女性之一——Facebook首席运营官谢丽尔·德伯格的《向前一步》。

其次要有耐心。职场青睐长跑健将。刚刚学有所成的女性精力充沛，意气风发，非常想在职场里崭露头角。可是事实上第一份工作大多都是从基层岗位做起，做个助理、专员甚至是个前台。

顺便说一句，别小看前台，我们可以看看阿里巴巴核心高管童文红的故事。她于2000年加入阿里巴巴，第一个工作就是前台接待，所以看上去再不起眼的岗位只要存在就有价值。耐心做好工作中的每一件小事，将每一件小事精雕细琢。**珍惜每一个能锻炼自己能力的机会，耐得住寂寞，也经得起诱惑，别老想着速成，别老想着走捷径，任何获得都是有代价的，这是自然规律。**把自己当作艺术品一样经营，仿制的赝品经不起推敲，一旦被揭穿就会得不偿失。耐心对待自己，对待身边的每一个人、身边的每一件事、身边的每一处环境，初入职场也好，资深职业女性也罢，有了耐心会让你如虎添翼。

最后要有忍心。职场是不相信眼泪的。回想多年前身处异国他乡初入职场时，我经常加班到深夜，兢兢业业地做好老板交代的工作。本以为自己的努力会得到同事的认可，没想到受到一些老同事的排挤，没人可以哭诉，也没人安慰，经常一个人躲在被子里哭。相信一些女性和我有相似的经历。分享一个我的解压妙方，我会把音乐开得很大，一个人在房间尽情地大声歌唱，唱得天昏地暗，脑海里把不喜欢的人想象成小蚂蚁，把自己想象成大象，想象一下自己多么强大，多么威武，多么伟岸！唱累了睡一个美容觉又满血复活地去战斗了。在职场上战斗多多少少都会受委屈，可以和闺蜜、亲人、好友倾诉，也可以找各种方式放松一下。"对自己好一点，想怎么好就怎么好"，这是我的一个闺蜜的口头禅。实在不想和任何人交流，就去运动，运动是解压的灵丹妙药。用积极的忍取代消极的忍，实在忍无可忍，可以考虑离开，因为这个平台可能真的不太适合你。

"二意"其中一意是情意。职场终究不是战场。偶尔看到报道称某女性为了升职加薪和平台或者竞争对手斗得你死我活，或者为了眼前的利益不择手段地去争、去斗，变本加厉地去伤害他人，其实都是得不偿失的。心存一份小爱，将心比心，换位思考，多体谅自己一点，多给他人留点余地。这点余地或许就创造一个小爱的空间，让你所谓的假想敌人也可以呼吸，可以生长，可以反思，可以考量；同时给自己营造了一个退一步海阔天空的空间。退一步，仅仅是一步，很多匪夷所思的事情就有可能不会发生。女性多数是感性的，感性是把双刃剑，用得好可以帮助自己，用得不好伤人伤己。我喜欢"小爱"这个词，因为不矫情，不做作。我们女性可以爱身边的阳光雨露、日月星辰、一草一木、一花一露，也可以爱身边比我们境遇差、运气少、能力差的人们。《还珠格格》曾经那么火，我想可能是因为剧中多数人物都是有情有义的。美丽的晴格格说的那句话我一直记得：皇宫那么大，多点人情味多好！我想说职场那么大，多点人情味多好！

"二意"的另一意是诗意。天天游走在钢筋水泥的摩天大楼中，会不会有点累，有点倦，有点麻木？好像离这个世界很近很近，又好像离这个世界很远很远！我有一段时间也是莫名的疲倦，觉得自己很辛苦很辛苦地工作，不知道为了什么。夜深人静的时候经常想回到小时候，能不能感受童年的温度，摸一摸童年的脸？我率性地开始写东西，渐渐地，爱上了写作，爱上了写诗。能在文字的世界里游走，我畅快不已。你呢？脱下职业装，你在做什么？瑜伽？话剧？旅游？书法？蹦极？冲浪？我们不做职场机器，"诗意地栖居"才是生活的本真。

09 职业男性

接下来谈谈职场的男士们如何成为被无数女性欣赏的职场男神！

（1）你一定要拼。爱拼才会赢！职场就是战场，没有任何人能代替你去走过，你的职场人生需要你自己一步一个脚印地去经营。不管你是幸运的富二代，还是遥远山村里的平民子弟，都需要拼命完善自己，提升自己的才华，使自己的羽翼丰满。如果你为富二代，或者家境殷实，衣食无忧，千万不要沉浸在花天酒地里，那个天地太小！小得甚至不如蛙眼之井！你能创造的天地很大很大，可能比你父母创造的更大，也可能不大但是完完全全属于你，是你为之骄傲自豪的天地！顺境于你，有左右逢源之乐，无横逆压身之忧！珍惜学习成长的机会，培养自己的核心竞争力。

从立志做一件伟大的事业做起，也从完成每一件微不足道的琐碎的工作做起；从结交良师益友做起，也从帮扶弱小做起；从给自己一个远大的目标做起，也从完成阶段性的小目标做起；从培养高效工作习惯做起，也从培养一个小小的好习惯做起；从每一个春夏秋冬做起，也从今天、现在、此时此刻做起！努力做一个精神上的贵族！成为职场人士尊重的贵二代，潇洒自如的男神！如果你一无所有，甚至连上大学的机会都没有，早早地在职场感受人间冷暖，千万不要自暴自弃。也不要抱怨，怨天尤人是无济于事的,因为那等于自己在精神上画地为牢!精神的自由是最宝贵的!要轻装上阵,相信自己,相信天道酬勤,我们要靠自己的智慧和勤勉去改变命运。先找份工作,这份工作不要考虑薪酬多少,最核心的是要考虑你是否能成长,简单言之,你是否能多学点东西。尽量寻找愿意分享、愿意培养、善良正直的老大,选择各方面管理正规的平台,正规具体表现在是否符合劳动法,是否公平、公正、公开对待每一位员工,等等。实在不行先找份合法的工作谋生,利用业余时间学习,去书店、图书馆看书,参加各种线上线下的培训课程,多写写日记提高自己的文笔,多锻炼!尽己所能让自己先拥有一技之长。慢慢地,渐渐地,悄悄地向前进,成长!每天进步一点点,开心不是一点点!珍惜美丽的青春,珍惜每一个可以提升自己的机会,求职的路程可能是磕磕碰碰的,别怕,拿出男子汉顶天立地的气魄来鼓励自己,吸取教训,多多请教职场上优秀的前辈,不断地尝试,不断地寻觅,谦虚和执着会给你带来无穷无尽的好运!

(2)你别太拼了!别把自己变成一个陀螺,永远停不下来。停不下来休息,到最后多半会身不由己地停下来生病。亚健康是很多职场人士的状态,从富可敌国的老总到普通的职场白领都面临透支体能的问题。身体健康的危机可能比事业的危机更难处理,更值得我们重视!职业男性多数是一家之主,养家糊口的重任担在身上,总是拼着拼着忘了自己!送你一句话:工作永远是做不完的!平衡一点,洒脱一点,强迫自己定期休息,给自己的身体和精神放空的时间和空间!

什么?你说你就想趁着年轻拼个几年早点实现财务自由?我想告诉你,没有好的身体真有一天财务自由了谁去享受?你说我也想休息,我也想锻炼身体,可是我就是忙得停不下来!好了,那么今晚睡前你放下手机,放下电脑,放空大脑,思考一个问题:"我为什么会这么忙?忙得连锻炼的时间都没有!"可能是你集权和授权的平衡问题,也可能是碍于情面的应酬太多,或者是一些不好的工作习惯、生活习惯需要立刻去改正,去改变!总之,你需要把保护身体健康当成你工作的一部分,打造一个健

第2章
咸鱼翻身

康的体魄去享受美好人生！人生除了工作外，还有美丽的山水，美丽的姑娘，美丽的父母，美丽的家园……

（3）与我们美丽的父母沟通交流。东方的男性多数比较含蓄、内敛，不太擅长向父母表达爱意、感激和赤子之心。有的不太会和父母心贴心地沟通交流。我经常听到身边的男士聊天时谈到虽然思念异乡的父母，却不知道如何表达，或者电话通了也不知道说什么，有的甚至很少和远方的父母通电话。有的男生从小习惯了听话，无条件地对父母言听计从，包括在职业的选择上，完全不符合自己的心意。比如说听从父母的安排选择了一份在他们眼里稳定的但是自己非常不喜欢的工作，比如说选择他们眼里光鲜亮丽的工作但是完全不是自己的兴趣点，非常痛苦！孝顺我们美丽的父母是天经地义的。可是既要勇于表达爱，又要避免愚孝！尝试用不同的方式交流，不擅于语言表达可以写信、写邮件，和父母沟通时要有理有节地表达自己的观点。父母的爱是无穷无尽的，由于年龄、生活和工作环境、受教育的背景不同，和你的意见不一致很正常，要用正确的心态面对差异，冷静、积极、成熟地去和父母沟通交流。父母是我们最强大的支持团队，相信爱的力量，相信沟通的力量，相信时间的力量！

（4）热爱我们美丽的家园。家园是我们的根，家园是我们的牵挂，家园是我们的力量。不管你是一位怎样的男士（女士同样），只要你为家园做事，哪怕很小很小的好事、善事，我们都为你鼓掌！最近几年身边越来越多的海归回到中国，贡献自己的一份力量。这是一件特别值得庆祝的事情！男儿志在四方，学有所成后造福祖国在我看来值得尊敬也值得骄傲！你们是我心中的男神！我欣赏有大胸怀、大志向、大格局的男性！无数男神的故事告诉我们付出比索取更加快乐，也更具有成就感！为家园付出，为家园做点力所能及的事，这些点点滴滴的小事汇成河流，汇成江海就能变成正能量的海洋，让我们的家园越来越美丽，越来越壮观！

10 发挥优势

学生时代我们最怕偏科，因为考试只看总分，有一门不好可能就会出局。职场却不尽相同。客观来说，在职场中不断努力完善短板是有必要的，然而职场是一次长跑，并且是一场真正意义上的智商、情商、体力、耐力的综合较量，千万不要和自己的短板死磕。经常在职场中看到某某的性格和特质其实特别适合做销售，但是他偏要选择财务方面的工作，做得特别痛苦还不断和自己较劲。或者某某是个技术天才偏偏天天泡在管理上，把大量的时间用在沟通和协调上，他虽然不喜欢却盲从公司的安排。

职场生涯的黄金期是短暂的，如何在黄金期赢得成功，秘诀之一就是恰如其分地发挥自己的长处，特别是在30岁以后的职业生涯中。我身边很多优秀的候选人都在践行着这一点，他们越来越出色地活出了自己真实的风采！试想一下，即使我们坚持跑一万个小时也跑不过刘翔，游一万个小时也赢不了孙洋、宁泽涛！可是我们可能用一万个小时充分学习擅长的编程技术、销售管理、产品研发、舞蹈歌唱等，我们会成为自己擅长领域的刘翔、孙洋。**要选择在自己擅长的跑道上跑，如果选择在错误的跑道上跑，哪怕是拼尽全力，也有可能两手空空！**

因为职业的关系，我经常和企业的中高层打交道，看到一些优秀的管理人员因为过度自信，他们认为自己可以触类旁通，在偶然的机缘下选择去了陌生行业，其结果多数差强人意。经常是有人豪气冲天地跟我说他要大干一场，过了一年半载突然接到他的电话让我帮他物色新工作。在和他们交流的过程中，他们反复说的一句大同小异的话：在不熟悉的行业里找不到手感！所以想回到自己擅长的、熟悉的行业里发展。没错！在任何行业要想做得出色都非常不简单，除了天时、地利、人和外，还需要我们的手感，我们在自己熟悉的行业里面沉浸多年，行业内的风吹草动、发展趋势、实时动态、危机防御我们都是耳熟能详的。简而言之，就是我们会有手感，这个手感就是我们可能赢竞争对手，能在熟悉的行业立于不败之地的奥秘！

11 居安思危

看似风平浪静的职场经常会险象环生。

声音一：某五百强企业区域高管的原话——"我在这家企业服务十年了，一直都是顺风顺水的，突然公司被并购了，公司的高层需要调整，真没想到到了这个年龄还需要重新找工作！"突如其来的人事调整让他有点措手不及，心情也变得五味杂陈。

声音二：某知名集团的高层因公司总部需要搬迁到异地无法照顾年幼的孩子和家人而被迫选择离职，在让我帮他物色新机会的时候我意外地发现他的学历是大专。他说一来工作太忙没时间去进修，二来也没觉得读个本科或者MBA有多重要！而恰恰是他认为不重要的地方在他心仪的公司里遭遇到了小小的质疑。心仪的公司所有高管都是本科以上的学历，多数还都有MBA学位。

短期不重要的事情不代表长期不重要，现在不重要的事情不代表将来不重要！身在职场要时刻保持危机意识，主动寻找各种机会完善自己。自我规划很重要，如果目标是走管理路线的可以去申请读MBA，或者读个管理学博士学位，或者参加各种管理技能类似领导力培训，等等。如果目标是走专业路线的要关注自己专业领域的前沿、发展趋势，不断升级自己的专业系统。你可以参加培训课程，可以通过公司之间的交流机会去一流的公司取经，甚至可以自己组织一个兴趣小组，定期和业内的资深同行探讨学习。学习是终身制的，不要给自己找任何借口，比如工作太忙了，比如要陪孩子，比如要参加各种各样的应酬。知识是你最宝贵的财富，也是你取之不尽、用之不竭的精神食粮。身上有粮，心中不慌！通过不断学习和努力让自己成为职场的常青树！

12 冯唐不老

　　45岁左右的或者更年轻一点40岁左右的管理者遇到职场危机时也会很迷茫。这个年龄阶段多数人已经做到了职场的中高层，很多都是被动离职，没有多少心理准备。大部分人都能泰然处之，比如说开始一次深思熟虑的创业之旅，或者给自己放一个长假，旅旅游、陪陪家人，或者就是提前退休照顾家人，等等。

　　停下脚步不是我们谈论的重点，创业和提前退休毕竟是需要很多客观条件的。首先，我们要有归零的心态，从现在开始放下过去的种种，过去的丰功伟绩也都已经过去，现在全力寻求适合自己的平台。其次，寻求自己圈内朋友和专业猎头的帮助。建立自己谋求平台的人脉网络，低下头，心无旁骛地走，从容地、耐心地听取他人的建议。最后，就是珍惜每一次面试的机会，一些候选人因为之前是高管，每次都要求一定要见到老板才去面试，在我看来有点走极端。我们来谈谈如果在职场上继续奋斗，如何走好下一步呢？

　　最重要的是调整心态，要有归零的心态。别把自己不当回事，也别把自己太当回事！所有公司的面试都是有流程的，见见人力资源部的工作人员，听听人力资源为你介绍公司的文化、战略、老板风格，大有裨益。放轻松点，越是表现得谦逊和有礼，越是能获得职场的尊重。写到这里我其实特别想说一句：其实我对你们充满敬意。每当听你们分享那些职场中如何将业务做得风生水起，或者在业务险象环生时你们如何通过智慧和勤奋将生意起死回生的案例时，我经常是热血沸腾、心潮澎湃的！只是求职有时真的需要一点运气，特别是高管职位，所以要保持平常心，送给大家我的两句小诗——青山自常在，心平脚生风！

13 冯唐易老

　　读者看到这里可能会觉得蹊跷，冯唐不老还是易老呢？客观地讲，具体情况具体分析。经常看到一些简历，求职者前十年左右都是一帆风顺的，到40岁左右或者更大一点的年龄就开始频繁地换工作，很多是客观原因，更多的我想说是主观原因！

　　认识自我是一件非常难的功课，但是我们必须要做，必须要面对现实！**我们要记住：很多业绩、很多光环、很多耀眼的事件不是全凭我们自己的能力所致，是天时、地利、人和，是我们所在的体系、生态环境和我们拥有的整个团队甚至加上一点运气、一点偶然因素而产生的。**当我们客观评估自己的综合能力后，认为确实很难达到理想的状态时，最好选择低风险的路径——比如原地不动。忍耐和等待是审时度势后的明智之举！对，总是不甘心、总是不得志可能是你的口头禅，可能就是你所说的总是时运不济。但是不甘心就换工作吗？不甘心就冒冒失失地玩一把创业吗？不甘心你就选择放弃吗？你要深刻领悟的一点就是随着年龄的增大你的冒险成本越来越高！即便衣食无忧，你跳槽失败或者疲于各种不痛不痒的面试，如此不从容的心态会影响你的职业发展，也影响家庭的稳定团结。

14 拒绝诱惑

凡是在职场表现比较出色的同仁，都会频频接到猎头的电话或者其他企业人力资源部门抛来的橄榄枝。某某企业薪酬多高，某某企业福利多好，某某企业和你同样的职位的薪酬是你的两倍，而且管理权限更大。某某企业的领导特别喜欢XX籍贯的员工，基本都会重用，和你是老乡哦！诱惑是无处不在的。面对诱惑，我们该如何做呢？淡定！淡定！淡定！越是看上去光鲜亮丽的事物越是要深刻分析。付出和获得相当是合理的。像天平的两端，任何一端倾斜过度都是有很多隐性的指标没有被量化。如果全部量化，可能结果会大不相同。几乎所有的企业都是以利润为导向的，如果给你超出市场的高薪或者高福利，必然需要你非常规的付出，比如高风险、高压力、高强度、高负荷的工作量，工作环境的艰苦，频繁的出差，等等。不要拿薪酬单一的指标去衡量企业抛给你的果子，同样不要认为某个平台比你级别高的职位就会风光无限。职位名称是一回事，具体的权限又是另一回事。

要全方位、多维度地对标，结合自己的身体情况、家庭规划、事业规划来权衡是否值得去尝尝这个果子。类似升职加薪的果子有外甜内苦，也有外苦内甜，需要我们明察秋毫，拒绝甜蜜的诱惑，因为暂时的甜蜜不亚于饮鸩止渴，得不偿失。

15 放空心灵

职场钟情长跑健将。

如果被职场中的一些突发情况搞得一时头脑混乱，不如先什么都别想，给自己放个小长假，每天跑跑步、健健身，陪陪父母、家人，陪陪宝宝，享受一下天伦之乐、亲子时光。和好久未曾谋面的亲朋好友聚聚，去一直想去又没时间去的地方放空心灵，或者去大学校园里听听课、充充电。每个人都是一个能量场，通过放空心灵我们可以给自己补充能量，使自己在阳光下、在雨露下、在爱和美的密集熏陶下让心自由自在地飞翔！

有些候选人在特别时刻调节得特别好，把这段生活经营得丰富多彩，而且经常会收获额外的惊喜。其中一位候选人在和老同学聚会聊天时擦出了创业的火花，现在的创业公司经营得如火如荼。还有一位候选人特别热爱旅游，一边旅游，一边摄影，现在还在旅游的路上慢慢走，慢慢玩摄影。在我眼里，职场生活不是我们生活的全部，工作是为了更好地生活，而生活不仅仅是工作。

第3章

风险职位

高风险职位是求职路上的绊脚石。
我们一起给自己设定求职红灯!

01 特别时期

> **警报** 一些候选人接到猎头或者HR的职位信息的时间是在第二季度或者第三季度，他们和我聊天时经常抱怨：很多职位都不靠谱！或者谈来谈去最后都不了了之。

没错，这个时间段接到电话或者邮件是你的第一个红灯：**时间红灯**。因为除非是新业务的启动或者其他的特殊原因，通常来讲正常招聘的启动时间一般是在第四季度和来年的第一季度。同时，企业的战略执行多数从自然年的年初开始。一些职位如果在这个阶段迟迟没有合适的候选人入职，这很可能就是一个胜任难度系数较高的岗位。可能是岗位本身设置有问题，也可能是岗位的生态环境有问题。有一个问题可以探测这个职位的时间风险系数，一般候选人都会忽略，你可以向和你合作的猎头问问这个职位开放多久了，职位运作的时间周期可以作为你判断这个职位是否靠谱的参数之一。

02 薪酬过高

> "这个职位薪酬不错呀，比我现在的薪酬高几倍，我想试试！"

一些候选人在接到猎头的电话后会暗暗庆幸这是一个跳槽良机，却不知一些职位不是良机，而是危机！市场的薪酬水平有弹性是毋庸置疑的客观事实，但这个波动值是在市场的可预期范围内，通常是10%～30%的涨幅。如果远远高于这个数值，请给自己设第二个红灯：**薪酬红灯**。因为通常多数公司会将目标全面薪酬（与预算和绩效期望相关的薪酬总和）定位于市场75百分位左右的水平（代表市场前1/4的水平）。从数学上来看，市场中超过25%的公司薪酬水平达到市场前25%或者更高的位置是不可能的，而很多公司不断地尝试却实际上刺激了高管薪酬的攀升。在大多数情况下，这样的薪酬增长和绩效提升之间是不相匹配的。多数企业的薪酬都会参考市场平均水平，作为人才的招聘方，出手阔绰地招聘人才有点类似无事献殷勤，一定是动机不纯。

首先分析职位是否真实存在，职场如战场，有的职位可能就是市场调研的工具。其次分析是否对候选人要求极高，比如说高强度、高负荷的工作，候选人各种资源的透支。最后是对职位本身进行考量，是否是高危环境，需要从六个角度分析：①大的行业环境；②企业外部环境；③地域环境；④人文环境；⑤企业内部环境；⑥部门内部环境。

03 前任异常

每个前任都值得用放大镜研究。谨慎全面地分析前三任，会发现一些职位背后的玄机。

（1）前任或者前几任是竞争对手的明星员工，但任职时间过短，即前任过了试用期又任职不到一年的。

原因是：关于人才管理的一大误解就是，业务不佳是个人之咎。哈佛商学院的鲍里斯·格鲁斯伯格（Boris Groysberg）的研究表明，挖来竞争对手的明星员工很少会让企业受益，因为你挖不来让那位明星闪耀的支持体系和工作环境。

（2）前任任职时间过长的，前任任职五年以上的，空降你一个高管，也是需要谨慎考虑的。

原因是：前任能任职五年以上，说明对职位本身是比较胜任的，甚至是游刃有余的，他离开的原因可能是公司的生态环境发生了比较大的变化。比如说公司的战略有调整，他所在部门或者事业部被边缘化，也有可能是空降一位新CEO，他对整个公司的人事体系进行调整和洗牌，或者另外一种可能是公司提出了超出市场预期的期望值，元老无法说服，选择放弃！

（3）前任下属全部是元老，这是空降管理层经常面临的难题。

解决此难题真的需要很高的谋略和艺术。如果仅仅认为手握下属的去留生死大权就可以高枕无忧，实在是缺乏考量。我们必须有预判能力，对这个元老团队进行一个全面的了解和分析，他们的年龄结构、地域来源、知识结构、专业能力、薪酬水平、每个人的职业发展、他们之间的关系如何等尽可能地收集多一点资料，静下心来身临其境思考：如果我和他们一个团队,我该如何规划、如何领导,在多久时间能达到我的期望值,多久时间能达到公司的期望值。给自己的预判结果打个分,5分以下就不用考虑了,6分以上可以考虑试试,8分以上可以大胆往前走!

(4)前任无能,可能的情况是前任留下个烂摊子等你收场。

通常锦上添花的工作比较容易上手,但貌似很多听起来锦上添花的工作都需要你做好雪中送炭的准备。救火是很多高管上任三把火中最重要的一把火!前任无能表现在于:能力有限、明哲保身地不作为、缺乏团队管理能力、缺乏战略眼光、人品有问题、管理思想陈旧、任人唯亲等,造成的恶果就是糟糕的业绩、大量核心客户流失、公司品牌力下降,甚至可能给企业带来潜在的风险和危机等。如何收拾残局的思路:将正确的事做对,将看似错误但是综合分析下来是正确的事坚持到底,或者打左转灯,向右行驶等。记住,加入公司的前提是在公司风险可控的情况下,你有思路、有想法、有创新、有信心地去化腐朽为神奇!

(5)前任升迁,多数候选人认为前任升迁寻找替换是个合理现象。

事物表象后面的真相不可忽视。前任是怎么入职的?升迁的原因是什么?任职几年升的职?升到什么位置?是否还管理目前的业务,还是负责其他业务的开拓发展?为什么他的团队没有适合的人选?他的团队的整体水平(教育水平、年龄结构、专业技能、地域来源、男女比例、人员流动率等)如何?

所有前任的故事都值得我们认真仔细思考分析。

第4章 / 完善简历

好的简历是你面试的第一张名片。

不管你是否考虑好跳槽,都需要认真准备一份漂亮的简历。

凡事有备无患。

01 何时准备

"这是我五年前的简历了,一直比较忙,都没更新过!"
"我从没做过英文简历!"
"简历!我换工作从来不需要写简历,都是圈子朋友推荐!"
"我老公很忙,网上的简历都是我帮他写的!"
"我没写简历,在前台填了几页表,你要不按照这个表帮我写一份!"

类似的话数不胜数。好了,写到这里我是真的急啊!替所有不重视简历的职场人士着急!面对瞬息万变的职场环境需要未雨绸缪。随时准备好一份漂亮简历让你在遇到千载难逢的机会时可以第一时间快速反应,在求职市场上比其他竞争者快一点,占尽先机!或者在危机发生的时候你可以第一时间化危机为转机,让你的简历第一时间传递到能帮助到你、能服务到你的人力资源专业人士手里。如果你的电脑、硬盘、U盘里到现在都没有一份简历,请今晚少玩点游戏,少参加一次无厘头的应酬,认认真真地坐在书桌前写一份自己的简历。记住:简历是所有未曾见过你的HR、猎头、你未来的同事及老板对你的第一印象。毫无疑问,第一印象至关重要。

02 简历页数

"我的第八页最下面写了我的优势,你没看到吗?"
"我发了个简历压缩包给你,你查收一下!"
"我英文不好,就写了半页!"

行,你以为我们人力资源工作者一天就看一份简历吗?权威数据统计显示,一位专业的猎头和HR每天至少要看几百份简历,一份简历停留的时间不过几十秒钟,一两张A4纸足以描述你的职场经历,记住:简历,顾名思义就是简单的经历。马克·吐温曾经说过,"只要我有更多时间,我就会写一封更短的信给你。"繁琐冗长的内容,画蛇添足的描述,热血沸腾的信件都不适宜。目标企业只是国内企业的,准备中文简历就足已;目标企业是外企或者岗位对英文有特别要求的,请一定要认真准备一份英文简历,或许在你看完自己写好的英文简历时,你对自己的英文水平是否能胜任该职位已经了然于心。

03 简历照片

"我不喜欢照相,那张照片还是三年前的照片!"
"那是我上次出去旅游时照的照片,你先给客户看吧!"
"我就这张职业照,不行就算了!"
"这是我扫描的一张照片,所以不是很清楚!"

"当时照相的时候阳光太强烈,所以发给你的照片皱着眉头!"

"那是我的艺术照,特意挑了一张我最满意的给你!"

每天为了候选人的照片这样所谓的小事我们经常要抓狂,更有甚者发给我们新婚照片让我们哭笑不得。求职无小事!记住:大多数客户的要求是一寸职业照。关键点:近照、真实、清晰、职业。照片是客户对你的第一视觉印象。很多时候,一张不合适的照片成了你求职路上最意想不到的绊脚石。男女都一样。

04 简历内容

"好久没写简历了,都不知道怎么写!"

"昨晚加班太晚,匆匆忙忙写的简历,你先看看,帮我改改!"

"简历的内容是我从岗位说明书上复制下来的,不行你再帮忙改改!"

行,猎头帮忙修改简历天经地义,但是不要忘了,巧妇难为无米之炊。如果没有充分的面试沟通,没有细致的背景调查,猎头很难完善一份简历。

记住:认识你自己,从简历开始。核心点:公司,用核心业务说话;主要工作职责,用事实说话;主要业绩,用数据说话。切记不能出现任何错别字和语法错误。特别强调一点,互联网时代早已到来,所以请在网站简历的名称关键词上注明你的符号。比如:"房地产,项目总经理,北京。"如果有一条捷径的话就是寻求猎头的简历模板,按照模板填写。最后强调一个重点:自我评价。请从你的硬件和软件上客观地分析自己,提炼出来3~5点评价自己，突出自己的核心优势。值得我们深思的一点：越优秀的候选人简历准备得越完美。

05 高管简历

笔者多年的猎头生涯主要Focus（集中）在高管的职位，一部分高管的简历做得相当专业，一些英文简历表达手法之流畅更令笔者惊叹。但是相当多的高管在简历的细节处理上不够到位。

总结起来有三点建议。

（1）敏感内容一定要用事实解释：某个阶段跳槽频繁，一定要注明跳槽的客观原因；一些能证明你专业能力的职业证书一定要认真填写，哪怕是学历证书在办理期间也要注明；还有大龄男女的婚姻情况，如果是已婚已育最好填写上。敏感内容直接决定你是否被录用！

（2）与众不同的业绩一定要突出：高管的工作职责是大同小异的，所以不需要浪费笔墨。你和面试岗位最匹配的地方在哪里？这点一定要浓墨重彩！你的独特的成就在哪里？你完成了哪些高难度的挑战？你有哪些与众不同？这都是能让我们包括HR、Hiring Manger（用人部门经理）耳目一新的地方。

（3）一定要用数字说话。一些高管的简历经常用很多形容词，效果甚微，感觉是夸夸其谈。下次你不妨让你下属试试主要用数字来汇报他们的业绩情况，你看后感觉肯定会不一样。

三个锦囊送给你：**简洁、精准、数字**。

第5章 / 猎头交流

专业的猎头会成为你终身受益的顾问。珍惜与专业的猎头顾问交流的机会，他可能是你的伯乐，而每一位千里马都需要一位职场伯乐！

01 猎头电话

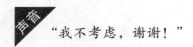

"我不考虑,谢谢!"

相当一部分候选人都以这样的理由拒绝了猎头的电话。如果你永远不会跳槽,你当然可以拒绝和猎头接触。实际情况:权威数据显示职场人士一生跳槽的次数至少六次。错失了一个电话没什么大不了,错过一个专业的猎头服务就得不偿失了。你如果方便,请给猎头几分钟,专业猎头的时间是非常宝贵的,因此贵为猎物的你也不要错过获得宝贵信息的机会。如果实在不方便,有两个解决方案:其一,告知你方便的时间让猎头给你回电;其二,你只需告知一个邮箱,让猎头把相关职位的信息发到邮箱里。通过电话和邮件的信息你可以了解个人专业领域的市场动态、薪酬状况、个人与职位的匹配度等对自己有利的信息。同时你可以通过电话和邮件判断猎头的专业度,如果认可某位或者某几位猎头的专业度,想方设法和专业猎头保持长期的、有效的、定期的联系,你会受益无穷,而且受益方不仅仅是你个人,或许是你的整个家庭。

02 猎头约见

"我实在太忙了,下个月再看看时间吧!"
"要是客户感兴趣,我们再谈见面的事,否则我们见面都是浪费时间!"

很多候选人都在找各种借口推迟或者推脱和猎头见面。这其实对双方来讲都是双输的一件事。大部分猎头提供的职位都是中高管,而中高管的职位对软实力的要求是因公司而异的,主要是企业文化和团队文化的匹配度。如果没有和猎头进行面对面的沟通,很难让猎头帮助到你,为你量身定做推荐报告,为你做一对一的职业规划辅导。同样身为猎头的我也感同身受,没有见过的候选人基本上是不敢贸然推荐的。一来无法客观地判断候选人和客户的匹配度;二来降低了自己在客户方的专业度。

03 见面礼仪

"今天是见你,所以就穿便装来了。"
"中午应酬喝多了,忘了下午见面的事。"
"我就和你聊10分钟,待会儿还要见个客户。"

笔者每天都和不同的候选人见面。大部分的候选人都很好,但少数候选人在与猎头见面这关就被猎头给看穿了。细节决定成败,候选人的所有特点都逃不过猎头的眼睛。候选人把与猎头见面当成客户的初试是理想的做法。关键词：准时、守约、职业、礼貌。至少预留出一个小时的时间给猎头，中高管的职位需要了解许多职位背后的信息，面对面地与猎头沟通是获取信息的最好方式。一个不尊重猎头时间的候选人永远无法得到猎头的青睐。

04 见面地点

"我们公司楼下有个星巴克，我们就在那里见面吧！"

"我最近都在家里，我家楼下有个咖啡厅，明天在那个咖啡厅见面吧！"

虽说见面不是一件难事，但是地点的选择我们还是需要慎重考量。选择自己公司楼下的咖啡馆，很容易碰到熟人、同事、客户。一次我和候选人聊得正欢，忽然一声"王总"着实吓了我们一跳。选择自己家楼下的咖啡馆看起来自己是方便了，但是碰到不熟悉路况的出租车司机就麻烦了！猎头只能听着候选人遥控指挥出租车司机，最后的情况是出租车司机一肚子埋怨，转来转去才转到目的地，时间成本和情感成本都很高呀！（开车的猎头毕竟是少数。）你可以去猎头公司的办公室交流，一来比较隐蔽，二来可以考察猎头公司的规模和实情，三来支持猎头的工作。如果你觉得办公室里沟通起来有点拘谨，五星级酒店的咖啡吧也是比较好的选择，一来比较好找，二来环境相对幽静。原则上与人方便，与己方便！

05 见面沟通

终于坐下来和猎头沟通了，时间宝贵！所以喝杯水，我们开门见山直奔主题吧！主题就是您眉飞色舞，侃侃而谈，手舞足蹈，口若悬河，三思而后言……行，都行！成功和风采我们欣赏，困惑、纠结我们亦认真倾听。不仅仅是工作机会的分享，更多的时候我们扮演的角色是职业规划师，会根据您的现状给出中肯的职业规划建议。

真实和坦诚是沟通的必要前提。因此，认真倾听我们的问题，并给予我们回应。分开时如果认可猎头的专业度，可以加个微信，保持联系。

小贴士

免费的猎头资源是你难得的信息源，你可以尽情问，有问必答环节开始了……

06 前世今生

每个岗位都有前世今生，这是候选人必须尽己所能去了解的。职位所在公司的战略、在行业的地位、业务模式是否有发展、财务状况、现金流、与竞争对手的比较、岗位设计的背景、在组织架构中的地位、管理权限、管理团队的背景、人员结构，前任的背景和简历：性别、年龄、风格、学历等，前任任期的时间、离职原因，薪酬激励情况，汇报对象的简历背景：性别、年龄、风格等（包括属相、星座、血型、籍贯、家庭、性格、喜好等事无巨细地打听，有备无患）。

职位开放多久，薪酬激励如何，工作地点、工作权限、面试的流程是怎样的，哪些候选人面试过，未通过面试的候选人的背景如何，面试没有通过的原因或者面试通过的候选人的背景如何，终面的候选人有几位、背景如何，面试官中人力的风格如何，业务的风格怎样，等等。

以前世戒今生，用今生修来生。通过大量的信息收集，从某种程度上可以构建出这个岗位的胜任力模型和对标模型，给自己做个综合评估。

07 见面之后

大部分候选人见完面就万事大吉了，实际上要做的事情还有很多很多。

（1）完成猎头嘱咐的作业：完善简历、照片，尽快发给猎头，为自己争取有效面试时间。

（2）为可能的面试做全面准备，未雨绸缪。

（3）整理自己所有证明学历、能力的证件资料，有备无患。

（4）静静思考一下专业猎头的建议，剖析自己，完善自己。

（5）未离职前，请做好公司分内的工作，不要整天心猿意马。敬业永远是职场的通行证。

（6）和专业猎头保持长期的良性互动，或许与这次机会无缘，但下次机会你就可以第一时间获知。

第 6 章 / 面试准备

面试准备时可以找找去约会的感觉。某种程度上讲，面试就像一场别样的相亲。对方是你心仪的公司，不妨通过各种渠道去了解对方的信息，整合分析你收集到的信息，再为你所用。

凡事预则立，不预则废。

01 面试时间

"下周吧,这周太忙了!"

"下周他们董事长就出差了,半个月才回来呀!你看能不能协调一下时间?"

"那算了吧,我这周太忙了,我是真心看机会,你给客户解释一下!"

一周过后,Y客户已经给另外一位候选人发了offer。

这是一个最近发生在笔者身上的真实案例,在笔者眼里这位候选人是符合企业要求的白骨精(白领、骨干、精英)。类似的案例层出不穷。"这就是没缘分!"一些候选人自圆其说。我不敢苟同。

高效率求职提高了面试成功率。不过是一周时间吧!奥运会中游泳项目冠军和第四名只相差几秒,境遇可谓是天壤之别。能进入面试的候选人一定不只你一位,即便是独家猎头运作也至少有一批竞争者。因此,有必要尽全力协调时间参加客户邀约的面试,至少提前一刻钟到达面试地点。大都市路况众所周知,先到的话心里至少不会慌张,从某种程度上讲,面试官不可能做到百分之百的客观,我们需要以从容的心态正常或超常发挥。

02 面试形象

> **案例** 一位面试高管职位的候选人Kevin因为刚出差回来来不及更换西装,穿着有点皱巴巴的西装匆匆地去面试了。结果面试效果大打折扣。
>
> 候选人Mark面试前在饭局上把新买的白衬衫弄脏了,只好穿着放在办公室的休闲服去参加面试。连他自己都觉得不合适,面试时还解释了一番。
>
> 一位美丽的女高管从头到脚穿得一身黑,披头散发的就去面试了。面试官皱了皱眉头。

类似案例举不胜举。客观地讲,多数候选人面试时都能穿得得体。但有一些候选人就会犯细节上的小错误,比如男士黑皮鞋里面穿了一双白袜子,比如女士涂的指甲油过于艳丽和面试公司的企业文化不匹配,比如油头满面的就出家门了。当然,这些有的确实是猎头的疏忽,没有叮嘱到位。最重要的是我们大家都要做职场的有心人,一定要为自己的面试打理自己的形象。和猎头沟通面试公司的企业文化,向猎头或者身边朋友询问面试公司所提倡的服饰风格,得体的穿着会为你加分。网络上、书店里关于职业形象的免费课程或书籍浩如烟海,为什么不花点时间投资在形象上呢?

03 客户背景

> **案例** 不久前,笔者和某高管进行了沟通,印象深刻。他能准确地告诉我我的客户当前的集团战略执行情况,Hiring manager(用人部门经理)的风

格、学历背景、校友情况、项目投资情况、业余爱好、家庭情况、入职的时间、在组织架构里扮演的角色、几次升迁、和高层的关系，等等。他对该职位的核心要求表述得入木三分，同时还做了几张PPT，演示了他如果加入该客户以后的工作思路。分开的时候，他告知我他下周可以和客户见面的几个时间段，让我提前安排。

还记得第一次约会的感觉吗？约会前一定绞尽脑汁地准备吧？

准备面试时可以找找去约会的感觉。某种程度上讲，面试就像一场别样的相亲。对方是你心仪的公司，不妨通过各种渠道去了解客户的信息，整合分析你收集到的信息，再为你所用。

第7章 / 面试方法

在有限的时间里我们一起认真准备,尽可能在面试中展现最好的自己。因为抓住一个好的机会,可能就是不一样的人生了!

01 面试开始

许多面试官看似在和你闲聊，实际上却暗藏玄机。面试的时间是短暂的，他们需要在短短的时间里全面地了解你。如果你只是想到哪里就说到哪里，或者说随意地和面试官聊天，都不是明智之举。（具体的面试案例会在后面的章节和大家详细地探讨。）

认真倾听，认真倾听，认真倾听！重要的事情说三遍！倾听的重要性不言而喻。我想提醒的是不但要认真倾听语言信息，也一定要积极倾听所有的非语言信息。要在短暂的时间里理解面试官问问题的动机，理解问题背后的问题、问题背后的真实意图。

小贴士　正如格式塔的创始人福里茨·帕尔斯（Fritz Perls）所说："这个世界的图像并不是自动进入我们的大脑的，而是有选择的。我们不是在看，而是在寻觅着什么。我们不是听见世界上所有的声音，只是在听。"

02 面试演练

必要的时候可以演练面试。关于角色扮演，你可以请家人、朋友、猎头配合，实在不行就对着镜子练习面试。尽量让家人、朋友帮忙录像，观察录像中的自己。肢体语言是否自信坦然，眼神是否坚定，语速是否适中，表达的内容是否掷地有声，发型是否合适，是不是需要换件套装，皮鞋上面是否有灰尘，通勤包是否与服装搭配。面对熟悉而又陌生的自己，你会有新发现。不要认为这是小题大做，或许压倒你求职成功最后的一根稻草仅仅只是你口腔里的大蒜味。

面试可以彩排，人生没有彩排。经常看看真人秀的节目，通过观摩真人秀的表演来提高自己的肢体语言表达水平。众所周知，包括乔布斯在内的很多商业领袖都会为特殊场合的许多细节精心准备和设计。

03 和HR沟通

> "我只见老板，其他人就算了吧！"
> "HR这么年轻，和她没什么好聊的，聊了几句我就走了！"

很多职场人士，特别是一些有管理经验的人对HR都不够重视。殊不知，HR会成为你了解企业的一个最好的窗口。

（1）HR可以告诉你你所不知道的企业信息，诸如高管风格、岗位前任的离职原因、新业务的战略和目前的进程等。

（2）在很多公司，HR特别是HRD都是老板的心腹，或者说老板对他的信任度比较高，他们的评价对老板的影响不容忽视。因此，必须调整心态，遵守公司的流程，不卑不亢地和HR沟通、交流。HR是你求职成功的宝贵人力资源。

（3）你对HR的尊重程度和职业化在很大程度上传递了你的职业素养。

04 面试心态

> "放心吧,我经常面试下属,面试对我来说没问题!"
> "他们公司我很了解,我不用准备啦!"

但凡这样回答我,我反而更操心。良好的心态是成功的前提。一两个小时的面试,可能是相见恨晚、惺惺相惜的情场,也可能是风驰电掣、刀光剑影的战场。最可能的是看似谈笑风生的沟通过程,实际上是候选人和面试官之间十八般武艺的切磋较量。面试官们、老板们都是久经沙场、阅人无数的。如何彰显你的实力,点滴细节都需要重视。在面试前静静地思考三个问题:企业需要这个职位做什么,我能做什么,企业能给我带来什么。

面试时要注意三个关键点。
(1)客户要什么就给什么。
(2)突出自己的与众不同。
(3)语言言简意赅、一语中的。

05 面试表现

面试包罗万象,但也万变不离其宗。面试官其实就是希望抽丝剥茧地去了解真实的你。能不能在短短的时间里得到面试官对你的价值观和能力的认可,让面试官认为你值得信任,通俗地讲就是让面试官觉得你是一个靠谱的候选人,是非常重要的。这个课题很有趣,后面我们会有大量案例详细探讨。获得信任绝非易事,我们如何做到呢?正如哈佛大学的社会心理学家艾米·卡迪（Amy Cuddy）及其他人的海量研究结果显示，要成为可靠的人，人们需要拥有两项品质：热忱和能力。能力是你多年经验的累积，不难分享，关键是热忱，除非你真正热爱你所从事的行业，否则任何技巧都是徒劳。

06 面试问题

面试问题层出不穷。在和几千位候选人沟通后，我总结了一些个人认为比较好的面试问题分享给大家。大家可以先问问自己这些问题，自己导演一场面试真人秀，面试的主角就是你自己。同样你还要精心准备一些你想问的问题，尝试换位思考，如果你是面试官，听到回答的反应是什么？是不是达到了你问问题的效果。

职场中面试管理层常问的几个比较好的问题，我总结了一下，在此抛砖引玉。

（1）你做了XX年的管理工作，说说你的得与失。

（柳传志先生面试我的高管候选人时问的问题，感谢候选人的分享。）

（2）你做了这么多年的管理工作，有什么心得呢？

（万达集团面试城市总经理的常考题。）

（3）说说你认为你不能胜任我们公司的方面。这个问题经常会让我们措手不及，所以可以好好想想。

（五百强外企经常问的问题。）

（4）如果你现在来我们公司担任XX职位，你认为最重要要做的三件事是什么？

（复星集团面试中高管经常问的问题。）

（5）你认为这个行业未来九年所面临的最大挑战是什么？你打算怎

样应对这些挑战?

（6）你认为一个好的CFO/COO（应聘的职位）是怎样的？

07 面试结束

大部分候选人认为面试完了就算了，事实上，这样是很不可取的。面试成功了到谈offer阶段我们再一同详细探讨，如果不了了之你会怎么做呢？

最起码要做到以下三点。

（1）面试后尽快和推荐的猎头通个电话，了解一下没有反馈的原因，同时和猎头建立良好的互动关系。谁知道下一个机会有没有可能就在明天呢？

（2）认真总结自己的不足，通过不断地、有针对性地学习，改正自己的不足之处。

（3）经常了解自己本行业的人才市场供求情况，抓住每一个求职机会，比较好的做法是和专业的猎头及企业的人力资源工作人员保持长期良性的互动。

08 谈offer阶段

面试很顺利的话下一步就是谈offer阶段，薪酬和职位权责是关键。切记：不要马上告知你期望的薪酬和能入职的时间，不要马上答应HR告知的薪酬和入职时间。给自己一些冷静思考的时间和空间。中高管的薪酬体系都是有区间的，尽快和专业的猎头沟通，拥有丰富实战经验的猎头会在谈薪阶段给你专业的帮助。

需要准备以下材料。

（1）非常重要：薪酬证明（至少半年以上的工资单或者银行流水）。

（2）一般重要：所有福利的说明包括住房补贴、购车补贴、汽油补贴、小孩上国际学校的费用报销、公积金缴纳的方式、异地派遣的补贴，等等。

（3）专业证书的扫描件。

沟通offer后面会专门分享。

09 背景调查

伴随着即将到来的offer的鸟语花香，背景调查正式启动。大部分企业都会在中高端职位的候选人入职前完成背景调查的工作。背景调查有明调和暗调，有借助第三方专业调查公司调查也有要求猎头协助公司调查的。如果是猎头帮助你做背景调查，请及时提供你服务的前两家公司的上级、同级、下级以及人力资源四位同事的联系方式，最好是手机号码。（一般来说在职服务的公司背景调查会比较谨慎，等候选人入职后再启动。）猎头会客观地把他们陈述的情况总结起来发给客户，作为企业评估的参考。大部分候选人都能顺利地通过背景调查，当然也有出现问题的，及时和猎头坦诚沟通，说明真实情况让专业的猎头帮助你和客户沟通至关重要。不是所有客户都认为白璧微瑕终是玉。

第8章 / 面试案例

本章是笔者和同仁们在工作中遇到的各种面试真实案例，它们就像一面面镜子，我们可以见贤思齐，见不贤而内自省。每一篇后面都有我送给大家的锦囊，有备无患。

01 "送奶先生"

这是我亲身经历的一个小故事。

最近帮助一家大客户在找乳制品行业的高管，我和客户方王总在喝茶聊天时，远远地看到一位西装革履的先生拎着两大袋东西朝我们这边快步走过来。定睛一看，原来真是方总！见面寒暄之后，只见他用纸巾不停地擦拭额头上的汗珠。他微笑地说着："我昨天去几个超市买了我们所有竞品的SKU（Stock Keeping Unit，即库存量单位），拎过来还有点沉，如果不介意的话，我把西装脱了？"客户笑笑说："没事，没事！你可真厉害，这么多SKU这么快就找齐了！"

愉快的沟通开始了，接下来的一个多小时里，方总在解答王总的问题时，穿插地拿出这些竞品的SKU仔细地分析。王总专注地听他分析，时不时肯定地点点头，偶尔还拿着某个竞品的拳头产品和方总抽丝剥茧地讨论着。初试顺利通过了，复试的时候方总还是带着两大袋SKU和客户的高层交流着，在交流的过程中他还演示了他准备的五张PPT——工作思路，言简意赅地呈现了他的战略和战术思考。

虽然最后因为一些客观原因方先生和客户没有缘分共事，但是"送奶先生"那微胖的身子拎着两袋沉甸甸的乳制品的画面经常会浮现在我脑海里。

锦囊 创新

02 "对对先生"

猎头同事Angel在陪一位候选人面试时记录他的谈话。

"对对,我也是这么想的……"
"您说得太对了,我一直这样认为……"
"对对,我非常赞同您的观点……"
"对,按照您说的思路就很好了……"
"对对对……"

我们理解候选人对心仪机会的求胜心态,但是不卑不亢必然是管理层应当持有的态度,一厢情愿地迎合面试官,没有任何自己的观点和想法,都是不可取的。明智的客户都明白,人才的多元化有利于创新思维,有利于更好地使决策科学化和更具操作性。他们绝不会欣赏一味迎合的同仁。

锦囊 不卑不亢

03 "八卦先生"

"我的公司家族氛围太重,核心岗位都是他的亲戚,我根本没办法开展工作!"
"我老板特别善变,今天决定的事,明天又改了,战略老变没法干!"
"我老板看上了我的一个下属,搞得下属对我分配的任务根本不听,一天到晚趾高气扬的，好像她是老板娘似的！"

我们经常听到候选人和我们八卦。千叮万嘱候选人不要和客户八卦老板，总有一些大大咧咧的候选人还是会在这方面碰壁。或许老板的很多故事都是事实，但客户心里也不会欣赏你这样的行为。

建议 核心传递的一定是"正能量！"语句模式可以是：虽然老板可能……但是我通过……（几次坦诚的沟通或者几个深思熟虑的方案，达到了XX效果，或者效果不理想，因为……）。总而言之，就是通过你和老板积极互动的真实案例，传递你做人做事的逻辑、你的价值观，尽量不要八卦前老板的是非。尊重别人就是尊重自己。可以分享前老板的业绩和优点，这样做的结果某种程度上是在肯定你自己选择平台的眼光。

锦囊 正能量

04 "我我先生"

"我老板对这块业务不熟悉，这个部门是我一手打造起来的，我是天天加班加点地干呀！"

"我们公司员工流动性比较大，我这个部门的领导有一半多都是新员工，我既要做方案，又要和员工一起落地执行……"

"我来公司短短两年的时间就把公司的业绩提高了很多，年会上老板表扬我业绩突出呀！"

团队合作能力是考核候选人的关键。有意无意地自以为是会成为你职场前行的绊脚石。即便是在前几家公司业绩斐然,你也要用客观、生动、真实的案例、数据说明是你和团队共同努力获得的成果。

设计公司IDEO拥有享誉全球的创新设计,其领域涵盖商业、政府和医疗,其公司的企业文化——合作式帮助(Collaborative Help)的卓越表现大大提高了企业的创造力。一个小细节——在招聘时,IDEO的高管会绑紧"帮助"这根弦儿。不久前,布朗写道:"在面试时,我会注意几个方面。如果面试者在回忆之前的成就时反复使用'我'而不是'我们',我们通常会对这样的候选人保持谨慎的态度。相反,如果面试者能大方地提及并感谢某位对他们提供过帮助的人,我们就知道这样的候选人乐于助人,也乐于接受帮助。"(摘自《哈佛商业评论》)

锦囊 感恩、谦逊

05 "关系先生"

"我和XX公司领导是多年的朋友了,如果我加入贵公司,你们公司和他们的这块业务我去运作!"

"我舅舅XX是XX公司的董事长,如果我来你们公司,我可以争取他对我工作的支持,我们公司如果和他们公司合作,肯定业绩有很大提升的……"

"我爸爸在XX圈里面有很多人脉资源,做这块业务绝对没问题!"

一些销售岗位的候选人经常过度地强调自己的个人人脉网络的优势。切记:职场里打关系牌并非上策。公司所有的作为都是市场化作为。公司的生意不可能单靠一个所谓的关系就能促成。如果过度强调自己的人脉,反而弱化了自己的专业能力,那么会让客户对你能力产生质疑。

锦囊 强调专业能力而非人脉资源

06 "糊涂先生"

"在我领导企业两年时间里，公司业绩增长很快，去年是10%，2013年的业绩增长好像是12%，我有点记不清了……"

"我是负责四个大区的管理，XX区去年业绩最好，其他三个区我记不太清楚，大概是……"

"集团的业绩年会上说过，我忘了，我自己事业部的业绩是……"

我们在陪伴一些候选人面试时经常看到候选人模糊地回答问题。

大部分客户问的数据都是和候选人业务息息相关的，候选人如果对数字不敏感的话从一定程度上反映候选人管理流于粗放，管理能力欠缺。切记：所有和公司经营业务，尤其是你自己负责的业务的重要数据一定要烂熟于心。最好能做到解读数据背后反映的问题并深入细致剖析原因。管理层天天和数字打交道，熟稔数据是个必修课。

锦囊 熟稔数据

07 "啰嗦先生"

"我XX大学毕业后的第一份工作是……主要是……，我对我的第一位领导印象深刻……（10分钟过去了），干了三年我去了XX公司，主要是做什么……领导是XX，我们是校友，他当时在学校里还是长跑健将，我们配合得很好……（又一个10分钟过去了），我的第三份工作开始从事一个事业部的管理工作……现在的工作干了5年……"

候选人如果这样沟通有两种可能，一是客户会礼貌地听完，但是内心基本上给你的分数是不及格的；还有一种比较性急的客户就会直接礼貌地打断"——我们想听听你现在负责的这块业务的具体情况！"

面试的时间对客户和候选人都是宝贵的。尤其是管理层面试对双方来讲时间成本都是很高的。如何在有限的时间里表达得恰如其分是需要仔细考量的。哪些经历该讲，哪些经历不用讲，哪些经历需要重点强调，哪些经历轻描淡写，重点的经历每个词语都需要精雕细琢。

锦囊 言简意赅

08 胸无城府

"我出生在一个XX家庭，我爱人是做XX工作的，她大学毕业就一直在XX公司工作……我岳父的工作是XX，我岳母是做XX工作的，我现在的领导是我岳父的校友，上次家庭聚会我们还聚在一起聊这事呢，我领导最喜欢……"

真有一些候选人天真得一塌糊涂。滔滔不绝，喋喋不休，事无巨细地和客户谈论自己、他人及所有的事。这样做实在是大错特错。客户不是你的兄弟、闺蜜，他唯一给你贴上的标签就是不够谨慎。即便你的武功高强，也注定出局。

锦囊 有的放矢

09 惜字如金

有些候选人是非常内秀的。一个突出表现是我们在陪伴他们的时候经常会有种错觉就是候选人好像成了面试官。客户的面试官在努力地分享，引导候选人沟通细节，而内秀的候选人的回答基本上就是两三句话。即便你就是才高八斗，在激烈竞争的商场里也需要你与人沟通、与人分享，我们有时真是暗暗为候选人着急。别拿什么"我的性格就这样了"来回避自己的弱势，一个曾经那么内向的李开复先生都可以通过努力做到游刃有余地在公众场合畅所欲言，为什么你不行呢？创造一切可能的机会去锻炼自己在公众场合高效沟通的能力。记住：高效的沟通能力是职场的有力武器。

锦囊 恰如其分地沟通

10 只认衣裳

面试官通常不止一人，有时是业务部门的负责人和人力资源部门的相关负责人，或者业务部门的负责人带领他的团队的几位同事一起集体面试。我们偶尔会看到一些候选人从头到尾就是围着业务部门的负责人转，对其他几位面试官的问题基本上都是轻描淡写敷衍过去，有的甚至在交流的时候哪怕眼神都没有和其他几位面试官有任何互动。不管你是真的粗心还是对其他人员漫不经心都会给面试官们留下一个势利的印象。面试的成败不一定都是业务部门的负责人一语定江山，最有可能是集体决策的结果。其实职场打的是团队战，你即便是齐天大圣，也需要类似猪八戒、沙僧、土地公公等的帮助和扶持。所以谦逊地对待每一位面试官，哪怕是为你递上一杯水的实习生，也该礼貌地说声"谢谢"！记住：有时压倒你求职成功的一根稻草就是客户同仁们对你的一句"淡淡的"评价。

锦囊 一视同仁

11 "抬杠先生"

"我的观点和您不一样，我认为您说的这几个方向目前机会不大，因为一、二、三……"

"你刚才分享的战略在特定的环境里才能实现，比如说……我说说我总结的几个战略思路……"

"你们这样做就是谨小慎微了！我给你们出个主意……"

一些候选人虽然在自己的专业领域很有见地，但是在面试过程中和面试官争论，或者直截了当地否定对方的观点，尤其是面试官是多人的情况下，你即便靠真理义正词严地否定了其中一位面试官的观点，也给他人带来了难以言表的难堪。面试不是辩论赛。你争赢了也不一定就是英雄。面试需要和面试官一同创造积极、轻松、友好的沟通氛围，让面试官从各个维度了解你，理解你，认可你，读懂你，欣赏你。

锦囊 有礼有节

12 "含糊先生"

"我的营销经验是非常丰富的,熟悉集团管理营销……"

"我对集团战略、公司业务有深刻的理解,这个职位要管控的核心点我都驾轻就熟……"

类似于丰富、精通、熟悉等模糊的词语在面试中没有任何说服力,大多数时候是适得其反的。过多粉饰华丽的辞藻却没有动人的故事支撑比什么都不说更糟糕,给面试官的印象就是华而不实。面试时一定要言之有物,必须要用真实的、具体的、典型的案例和客户交流。

STAR原则是结构化面试当中非常重要的一个理论,可以供大家参考。我们要从面试官的角度去总结自己过去的魅力故事。

> 小贴士
>
> 面试STAR原则,即Situation(情景)、Task(任务)、Action(行动)和Result(结果)四个英文单词的首字母组合。
>
> S指的是situation,中文含义是情景,也就是在面谈中要求应聘者描述他在所从事岗位期间曾经做过的某件重要的且可以当作考评标准的事件所发生的背景状况。
>
> T指的是task,中文含义为任务,即是要考查应聘者在其背景环境中所执行的任务与角色,从而考查该应聘者是否做过其描述的职位及其是否具备该岗位相应的能力。
>
> A指的是action,中文含义是行动,是考查应聘者在其所描述的任务当中所担任的角色是如何操作与执行任务的。
>
> R指的是result,中文含义为结果,即该项任务在行动后所达到的效果。

锦囊 精准回答

13 功劳苦劳

"告诉你们,我可是这行的鼻祖哟!当年我做这行的时候,那个XX还在中关村卖电脑呢!"

"你们不知道吧,我可是我们公司的元老,我们老板我都是直呼其名的!"

"我大学毕业就进了这家公司,一干就是15年,公司里面没有比我工龄更长的啦!"

有的候选人认为自己在公司待的时间长肯定会让客户刮目相看,事实上这可能是你的一厢情愿。服务一家企业的时间很长充其量代表你的职业生涯比较稳定,但不代表你对公司的贡献很大,也不代表你能满足下一个公司对你的综合能力的要求。功劳和苦劳是两个概念,多多和客户分享你在目前公司的突出贡献和收获才是明智之举。

锦囊 主次分明

14 廉颇已老

"这段时间加班频繁,白头发多了不少,身体大不如前了!"

"我在现在这家公司出差特别多,吃饭经常没有规律,搞得最近老犯胃病！"

"我不爱喝酒，但是公司应酬实在太多，喝得受不了，前段时间还胃出血住院了……"

客户在选择候选人时，特别是管理层时是非常谨慎的。如果自我爆料身体的亚健康状况，会给客户留下永远挥之不去的亚健康印象。任何岗位都需要候选人应具备的最基本的条件是健康！理想状态是拥有旺盛的精力！聪明的候选人会尽可能地爆料自己积极生活、热爱运动、强身健体的故事。比如曾经有一位比较年长的高管候选人在客户问他有什么爱好的时候他说自己喜欢长跑，而且坚持了十多年，着实让客户刮目相看。我从过往失败的候选人身上总结的经验就是如果条件同等优秀，客户肯定会选择身心健康指数更高的候选人。

锦囊 健康很重要

15 "抱怨先生"

"我这一年在这家公司真是郁闷，离家远，每天上下班就浪费三个小时，又经常加班，每天回家孩子都睡着了，唉……"

"公司大部分都是元老，他们都是XX地方的人，和他们都聊不来，同事都不好相处，更别说做朋友了，哎呀，心累……"

"这几年工作忙得都没有业余生活，连陪孩子度个假的时间都没有……"

一旦过于性情的候选人的话匣子打开，就如滔滔江水一发不可收拾。

客户要是耐心点,可能会安慰你几句,不耐心的直接找个借口起身走人。面试之前脑袋一定要绑住神经,这是一场面试,不是闲聊!

把面试官当成闺蜜或者当成可以随意吐露心声的朋友可真是极大的败笔!一个词:"正能量!"反复强调的正能量,就是像向日葵一样,永远向阳!别被他人暗暗贴上一个"垃圾人"的标签,因为这在面试和生活工作中都是不可取的。

锦囊 还是"正能量"

16 野心勃勃

"我对自己要求很高,未来五年的规划就是能当一家企业的CEO。"

这是一位候选人在面试副总经理职位的时候随口说的一句话。他的目标是很好的,有进取心,职业规划也清晰。但是在面试的场合表达出来却不太合适。类似的例子还有很多,你就看到他们在面试的时候慷慨激昂地、肆无忌惮地谈论自己对权力的向往和渴望,脸上就仿佛写了两个字——野心。创业的老板可能会欣赏这样的野心,但是作为在职场上将来一起共事的对象就不一定能够接受,不管你多优秀,他一想到你一天到晚惦记着哪天可能替代他,他心里肯定不太舒服。中国书法文化博大精深,可以值得我们借鉴的东西很多,其中"藏锋"二字意味深长。顾名思义,藏锋讲究的是欲下先上,欲右先左,从而把笔锋隐藏起来,使笔画看起来圆润不毛燥。在面试的时候我们一定要恰如其分地"藏锋",切忌太露锋芒。

锦囊 藏锋

17 主次不分

"我在销售管理岗位时间比较长,市场岗位做过一年,先分享一下我对市场的理解……"

这是客户在招聘一个既管理销售又管理市场的副总时与一位候选人的谈话。尽管陪在他身旁的我给他使了眼色,还是阻止不了他滔滔不绝的市场见解。当时我真心想找个胶布封住他的嘴巴。为什么这么着急呢?诚如任何职位都不是完美的职位,任何候选人也不是完美的候选人。因此,花费尽量多的时间展现自己的长处才是聪明的做法。这个场景就是客户没有刻意让候选人描述劣势时,候选人还特意大谈特谈,集中谈论自己的劣势,实在有点不聪明。比较理想的做法是用大量的案例充分地说明自己的长处,而短处呢,几笔带过,如果客户问到了,实事求是地说明一下就行。面试就如写文章一般,详略得当、主次分明很重要。你要用充分的论据证明你能胜任,所以千万别主次不分。

锦囊 扬长避短

18 溜须拍马

"张总,您是我见过的最睿智的领导,我一定要和您多多学习!"

第8章
面试案例

"郭总，你的这番话真是醍醐灌顶，我能听到真是三生有幸！"

"早就看到过很多关于王总的报道，心里佩服至极！今天能见到王总，我激动万分！"

虽然这只是少数候选人的表现，我还是想特别强调过于奉承面试官只会适得其反。面试官虽然表面上笑笑看似接纳你，其实心里对你的印象早就大打折扣。面试本身就是双向选择，平台在选择适合的候选人，候选人也在选择合适的平台。大家是平等的关系。你只要自自然然、大大方方地和面试官沟通就行。过犹不及是真理。有的候选人表现得特别好，他们和面试官交流的过程中，顺其自然地提到面试官在业内的创新，给业内带来的具体贡献，并表示自己从中获得很多启发，做出了成绩。自然而然的表述，既能表达对面试官的真心欣赏又表达了自己热爱学习、不断进取创新的个性。虚情假意的恭维比什么都不说更糟糕。在职场中如此，在生活里亦然。

锦囊 过犹不及

第9章 / 薪酬谈判

Offer就在眼前,却需要我们擦亮双眼去迎接一场充满智慧的谈判,很有趣,也很有挑战。我们一起来探讨这个复杂的课题。

01 先别张口

前面提到一定不要马上告知HR你期望的薪酬和能入职的时间，不要马上答应HR告知的薪酬和入职时间。给自己一些冷静思考的时间和空间。为什么呢？核心点是：如果你还没准备好谈判的所有信息，轻易就亮出底牌，后面的谈判就会变得非常被动。在这里分享三个建议。

（1）当客户没有问到薪酬的问题时，你千万不要主动问、主动谈。尤其是在面试的第一轮时，这样会给客户留下不好的印象，感觉你脑子里全是钱，尽管薪酬很重要。

（2）当客户表示对你满意时，他是希望录用你。当问你薪酬期望值时你千万不要马上报个具体数字，委婉地表达多给你点时间，你想考虑一下。可以适时分享你目前的薪酬福利，要注意的细节就是税前税后要说明，各种奖金福利补贴也要汇总一下，不要太笼统，也不要太琐碎。也可以以退为进，适时地咨询公司的薪资结构、晋升制度、培训制度和其他福利。

（3）如果近期公司可能给你升职加薪，也可以强调一下，因为这样表明你现在还是非常受公司重视的，你跳槽的成本是比较高的。

02 委托猎头

专业的猎头可以成为你offer谈判的左膀右臂。因为涉及自己的切身利益的时候人们很难保持百分之百的客观和理性。更何况在offer谈判中如果你不精通人力资源的专业，或者你不是很了解你可能要加盟的公司，都可能会人为地给自己设计很多谈判视野的盲点。

可以把猎头推向台前，和猎头建立一定的信任关系，分享信息。真诚充分地沟通是建立信任的前提。一定要坦诚，坦诚说出你的所思所想，哪些是你的底线，哪些是你可以商量的，哪些是可以提供给猎头作为谈判筹码的——专业的说法是和猎头一同抓住一切可能的机会创造价值。重点提醒：**千万不要为了达到要个高薪的目的弄虚作假，人力资源有很多专业的方法做背景调查，别触碰红线，搞得最后满盘皆输**。失去了猎头的信任可能事小，但是把自己在业内的口碑给搞坏了就可能断送了自己的大好前程。

03 搜集信息

谈判在一定程度上就是一场信息战。尽可能收集一切和你的职位相关的信息。重点了解目标行业或者你可能加盟的企业的薪酬水平、福利待遇、升职加薪空间。三个渠道分享给大家：首先是通过相关社交网站去看公司和你级别相似的员工的薪酬福利。其次是建立信息收集人脉网络，打听相关公司的薪酬水平、福利待遇、升职空间大小、晋升制度。有时你不必事无巨细地问，问个大概的区间范围，多听听业内的八卦，多看看吐槽的论坛和微信朋友圈，这些地方都会爆出一些猛料来。这些信息虽然碎片化但是可能更真实、靠谱。最后一个渠道就是向猎头公司寻求帮助，专业的猎头公司是比较了解客户的，他们会告诉你大概的区间，各方面福利补贴的细节，给你做全面参考，同时给你很多建设性的建议。

04 薪酬低了

既然是谈判，肯定不都是一帆风顺的。多年的猎头经验告诉我，薪酬低于期望值是候选人经常遇到的问题之一。有时候选人是直接和客户谈判的，有时是拜托猎头协助谈判。两种情况都需要冷静，千万不要义正词严地一口回绝。一来搞得谈判气氛剑拔弩张，二来没有给双方留下任何回旋的余地。我的建议是**真诚地和平台人力资源工作人员沟通，了解这个薪酬产生的逻辑**。薪酬本身是敏感的，但是了解薪酬的来龙去脉是一个开放的话题，你可以直截了当地告诉人力资源工作人员你想了解一下这个薪酬是怎么来的。一般人力资源工作人员不太愿意谈论薪酬本身，但是都会愿意告诉你关于你个人薪酬设计的一些信息。沟通后的收获就是让我们发现了一个拓展自身价值的机会。

05 讨价还价

职场不是菜市场。千万不要对薪酬一不满意想都不想就讨价还价，问HR薪酬能不能商量，或者说在数字上面反复和人力展开拉锯战。这样的做法是在舍本逐末。谈判的核心其实不在数字，而在于你的价值。

（1）你要梳理出你内心真正重视的核心要素，而这些核心要素又是通过你的预断平台有能力提供给你的。offer除了薪酬本身外，还有很多内涵和外延，比如说入职时间、转正时间、升迁时间、海外进修机会、海外工作派遣的机会、带薪假期的长短、弹性工作制、特别奖金、异地工作的住房补贴、户口问题、股权期权激励，等等。这些核心点是在薪酬达不到你的期望值时,你能让平台补偿你的要素。

（2）要自己创建一套评分体系,评分的标准在你的内心。比如你可以把分数设成10分,根据各个要素的重要性把分数分配下去。还有一个简单的方式就是用人民币来衡量,比如股权的兑换、带薪假期的折算等。

这个你为自己量身定制的评分体系可以帮助你评估对方给你的整体薪酬方案的价值。在你的心中可以预设一个offer总体的底线,这样不会因为某个点而纠结。在下一步和人力资源沟通的时候更加一语中的、切中要害。

06 表明心迹

如果对方给的薪酬远远低于你的期望值,而你有充分的论据能证明你的价值,你无妨直接提出你要的数字。哈佛商学院组织与市场专业的谈判学教授迪帕克·马尔霍特拉（Deepak Malhotra）认为,给出一个你期待的薪资数字是你的雇主合理提出的很为你利益考虑的问题,你应该好好回答。他说:"如果你提出的数字（或者你能在别处拿到的数字）和他们的期待有很大出入,最好能够直接表明差距,这样才能调整双方的期待。"

如何做到拥有充分的论据？核心就是你客观地通过市场调研评估了自己的价值。人才市场也是需要等价交换的,你的报价只是价值索取的表现。只要说明你的报价合情合理就够了,多说无益。接下来要做的就是静观其变。客户如果真心希望录用你,他们会重新评估你的价值,这个集体决策的过程可能是一周时间,也可能更长,耐心等待,不急不躁地等待结果,相信沉默是金的力量。

07 创造价值

在谈判的过程中，不是和对方在言语运用上比个高低，而是通过高效的沟通发现对方关心的兴趣点和利益点。经常你不太关心的事情，而平台会认为非常重要。这些信息对你是非常有价值的，你应该尝试找出差异并运用它们来创造价值。举个例子，平台希望你能尽快入职，而你也能通过和现有平台协商做到的话，你就可以创造因时间偏好差异而带来的价值。可以通过你的让步换取平台在其他方面的让步，可以让平台支付一笔签约奖金或者其他奖励措施。再举个风险偏好差异的例子，如果这个职位对你来讲是个高风险职位，而对方面临的风险一般，你就需要让平台花钱承担你的风险。谈判专家都熟稔差异创造价值的策略，这个策略值得我们借鉴。

08 职位价值

在衡量自我整体价值的同时我们也要衡量职位的整体价值。

别在薪酬的数字上锱铢必较。而是要看清这个数字背后的价值。举例来说，这份工作能给我带来什么？是否拥有了一位可以成为职场导师的领导？是否有很多培训各项能力的机会？是否有更多的福利？是否能与一群优秀的同事共事？是否能参与或者主导一个难得的大项目？是否能有更弹性的工作时间？是否有快速成长的土壤？是否离实现你的梦想更近点？这些都是数字背后隐形的报酬，意义远远比一个简单的数字大多了。你要做的就是评估，客观地评估整体的价值，必要的时候可以请猎头或者亲朋好友帮助一起完成。有得必有失，得失之间的权衡需要我们冷静地考量。

09 心平气和

谈判是一场心理战。需要运用系统的思维去思考和准备,秉持谈判的基本原则:谈判的底线、议价区域、核心利益、信息交换、最优的替代方案,这些都让你不会偏离谈判的本质。平时生活中经常收集他人优秀的谈判经验,总结他人的谈判教训,将一切有效资源为你所用。任何时候都不要情感用事,offer如你所愿时,不用表现得非常惊喜;offer不如你所愿时,不用义愤填膺或者郁郁寡欢。你需要做的就是保持以心平气和的心态去推进谈判,或者当你短期深陷负面情绪的泥潭时,无妨把自己当作一个旁观者,旁观者清!采用旁观者的视角你会更清晰、更透彻地观摩整个谈判的局势。最核心的一点就是当你心平气和地谈判时,你就营造了一个轻松的谈判基调,对方是能感受到你的气场的,大家都在就事论事的时候,就不会受个人情绪和主观偏见的影响,事情可能推进得更能如你所愿。

10 时间压力

最好避免在时间压力下谈判。在压力下多数人的反应都比较被动、容易情绪化。平台经常通过设定一个最后期限,期望速战速决来结束谈判。我接触的一些候选人确实因为时间的限制加上大大咧咧的性格就一口答应下来,入职以后又抱怨待遇欠佳后悔不已。我们需要做的是了解真相,通过不断地沟通了解最后期限是真实存在的还是对方用谈判技巧人为设计出来的。你可以单刀直入地问对方:"一定要在这个期限前决定吗?"或者"我有一些个人的私事要处理,需要延长做决定的时间,我怎么做比较好呢?"为自己争取充分思考的时间固然好,但是如果对方的时间紧迫客观存在时，你就需要慎重地利用有限的时间做决定，而不是一拖再拖，因为很有可能最后就拖黄了。总之，最后期限是把双刃剑，运用最后期限的对方本身也受到制约。我们应化一切压力为动力，化一切被动为主动，审视双方的利益来赢得谈判的共赢。

11 有大局观

在我看来大局观是最重要的一点。即便你是位久经沙场的谈判高手，如果选错了公司，你也会郁郁寡欢。找到适合自己的平台才是最终目的，而不是设法在谈判中取胜。适合你的平台的核心要素就是和你的职业规划匹配度高，并且拥有良好的文化氛围，这远远胜于一份丰厚的薪酬待遇。人生如棋，下一盘好棋，不用太关注一个棋子的得失，不用过于计较退一步的利益，重要的是考虑全盘的胜利。命运的手指都是不经意地指点我们几步又常常莫名地牵绊几步，心平气和地面对胜算更大。

第10章 优雅离职

OK！一切顺利的话，恭喜你终于拿到满意的offer了！优雅地离开原平台，哪怕是在最后一秒，留一个美丽的背影给原来的平台。

01 何时辞职

除了一些特殊情况（比如说面试需要占用你大量的工作时间，或者你的经济情况允许你半年左右的时间衣食无忧地从容找工作等）外，相信大部分同仁们都会选择拿到下一家的offer再和原平台沟通辞职，个人是比较提倡这种方式的，前提是不要影响现在的工作。在职的状态去谈新工作有很多优势，首先是心态，Offer谈判某种意义上是一场博弈，手上有粮心中不慌，这样我们可以比较从容地去和目标公司沟通，不会因为急于得到一份工作而乱了阵脚。其次是找工作有的时候是需要天时、地利、人和的。特别是中高管的职位，市场上本来职位就比较稀缺，有的职位对候选人要求也比较严格，如果为了专心找工作而盲目离职，运气不好的时候可能会有半年、一年甚至更长的空档期。这段经历写到简历里就是减分，你需要花费很多口舌去解释和说明。

02 告知何人

选择合适的时机辞职，和谁沟通也是需要我们慎重考虑的。

辞职是一件非常敏感的事情，特别是对管理层来讲。为了平台的安全过渡，也为了自己能顺利辞职，需要保密。建议不要和任何同事、好朋友分享自己要辞职的信息，包括一些暗示都不要。低调！低调！低调！重要的事情说三遍！在人力资源部和自己的主管领导之间你最好选择和你的直接主管领导沟通，切记不要在离职期间人为制造或者无意中制造和主管领导的隔阂和矛盾，不要带私人感情表达你的想法，说话措辞都要对事不对人。你的主管领导是你顺利完成辞职的关键人物，让他成为公司第一位知道的人的好处是他会尽全力让业务部门平稳过渡。尤其是高层辞职，对平台来讲，平稳过渡很重要！平台会在接下来的时间里秘密启动继任方案，如果平台没有合适的人选，还需要和猎头公司等第三方合作共同物色替代你的人选。针对中高层而言，理想的情况是你已经在平时的管理中有计划、有节奏地实践了继任计划，培养了适合替代你的下属，你可以向你的主管领导推荐他。如果平台内实在没有合适的人选，你也可以留心周围的朋友圈，给你的主管领导出谋划策，让他尽可能不要太被动，尽可能为平台着想，你的所有付出大家都会看到，这是你职业素养不可或缺的一部分。

03 辞职地点

可能有的同仁认为这个话题不值一提，但是往往看起来微不足道的小事更需要我们谨慎对待。平台人多嘴杂，隔墙有耳的事时有发生。同事的闲言碎语有时会给你个人的辞职带来无法预料的麻烦，为了避免节外生枝，辞职一定要慎重选择地点。中高层辞职更是要小心翼翼地选择谈话地点，可以选择远离公司的场所，避免公司附近的咖啡厅、没有锁的办公室，会议室也要避开。在安静、私密的场所进行沟通，是对自己和平台的保护。可以和主管领导预约一个时间，物色一个你觉得比较私密的、同时交通也比较便利的地点，和主管领导充分沟通。

锦囊 将每一件小事精雕细琢

04 打情感牌

大部分同仁在辞职的时候都会面临去留两难的选择，老东家打情感牌希望你能留下来，尤其是企业的中高层，因为都是企业的核心骨干，核心员工流失对企业来讲都有或大或小的损失。经常有候选人告知原来的领导都是含着眼泪留他或者各种促膝长谈挽留他。这里需要提醒几点。

（1）辞职之前一定要审时度势，辞职必须是深思熟虑后的决定，不能有丝毫的盲目心理和顺其自然的心态。老板的挽留有的是出于真心为你考虑，有的是出于平台的稳定考虑，有的是出于对你的尊重考虑，需要你去判断、去观察、去聆听、去分析，也可以站在对方的角度上换位思考。所以辞职别轻易说出口。

（2）一般来讲，除非是一些职业规划核心的关键点你没考虑周全，否则既然选择了辞职就不要轻易回头。老板肯定会给你一些甜头，比如说加薪挽留，比如说升职挽留，比如说更大的授权和更多的福利，但是细细想来这些都不是核心，你的职业生涯走得越来越辽阔、越来越精彩、越来越接近你的期望值才是最重要的！辞职在某种意义上还是会或多或少的有印记、有裂痕、有波浪的，要修复它看似容易实际上可能需要一段时间甚至是很长的一段时间。所以，决定辞职后别轻易反悔。

（3）人非草木，孰能无情。同仁们在一起共事，都会产生除了同事关系以外的友情甚至亲情（爱情不在我们的讨论范畴之内），如何在情感牌中立于不败之地呢？毫不犹豫坚持立场，表达方式是以心换心。对待真情实感的挽留我们也满怀感激，感谢培养，感谢教育，感谢信任，感谢挽留；对待客套的挽留我们也客套地表达感谢！即便是在工作上对战略、战术等有极大的分歧也没必要倒一堆苦水，或者争个你死我活，说话点到为止即可，给同仁一个微笑、一句感谢！职场说大也大，说小也小，也许哪天转来转去又成为同事了！再说何必给自己多树立一个冤家，俗话说得好，"多个朋友多条路，多个冤家多堵墙！"

05 优雅谢幕

只要你在平台里一天，你就要履行一天作为平台员工的义务和责任，坚持到你离开平台的最后一秒！这是职场人士起码的职业素养。需要提醒两点。

（1）至少给服务的平台半个月到一个月的交接时间。千万别想着立马走人，伤人伤己！你拿到心仪的offer，入职前一定是有离职期的，即便新雇主需要你尽快入职，你也要有礼有节地告诉新雇主你的顾虑和可能入职的最佳时间，你为现雇主的细心考量不但不会引起新雇主的反感，相反还会增加他们对你的好感。众所周知，职场都青睐有强烈责任感的人。试问有一天你的下级和你沟通入职时间时，你是不是也会有同感呢？

（2）离职期阶段多半都是交接工作的范畴，相比平时的工作量肯定会少一些，给自己定一个正常工作的基调，避免任何懈怠，比如经常迟到早退，或者和同事闲聊，或者同事拜托的事能拖则拖，能躲则躲。相反，你要积极认真地去做每一件工作，而且尽可能地完成自己手头上负责的工作，特别是比较棘手的工作，让继任者能更从容地、更顺利地融入平台中。

06 帮助继任

没有人比你更熟悉你担任职位的需求！所以如果有继任者和你交接，你一定要保持一颗平常心，耐心地解答他的各种问题，哪怕在你看来比较幼稚的问题。给平台和他个人各列一个交接清单，平台的交接清单人力资源部都会提供，给他个人的交接清单里包括已完成的工作、待完成的工作的进度、将要开展的工作的节奏，还有具体的联系人，尽可能地详尽介绍，包括联系人的常用联系方式、工作风格、性格习惯等。如果涉及外部的联系，有外部的关键客户更需要详细地交接，告知合作需要注意的关键事项，涉及财务方面的敏感信息一定要交接清楚，免得日后还得回到原平台解释沟通！事无巨细地培训他，帮助他，辅导他。还可以传授他一些在这个岗位上工作后总结的经验和诀窍。

千万别嫌麻烦！千万别认为这些事无关紧要！你做的每件事都是在做你的口碑，都是在经营你个人的品牌，所以所有的付出都值得，因为当你赢得好的口碑、好的个人品牌时，你就会在职场上立于不败之地！

07 离职证明

即将离职期间千头万绪，既要辞旧（交接）又要迎新（适应新工作），特别是中高层，还要考虑新东家的工作战略层面的东西，很费心力。这时候很容易忽视一些基础离职资料的收集。不光是离职证明、薪酬证明这么简单，你要留心收集一些你在平台服务期间贡献的成果的证明。荣誉证书和奖杯要保存好，或者特殊贡献的文字说明，平台内部表彰的文件，邮件的截图都可以打印或者复印出来留存（前提是不要侵犯公司的商业机密）。别小看这些东西，他们都是平台对你的认可和证明，在背景调查上可能会派上用场呢！光环效应是常理，多数人都会基于你的过去看你的现在和未来。

针对中高层，特别是高层来讲，你的上级可能就是公司的CEO或者核心人物，他们在社会上的知名度和专业领域的认可度都是挺高的，你不妨开诚布公地请他为你写份推荐信。这在外企很常见，很多老板主动提出为他心仪的下属写推荐信。这样的行为值得效仿和借鉴。为什么呢？某种程度上，他为你的专业度、敬业度、职业度做了背书。细想一下，有如此优秀的下属，不也是证明老板知人善用吗？这是双赢的事情，何乐而不为呢？不过职场千姿百态，实在觉得做这件事很费劲，也别勉强，把自己分内的工作、该交接的工作尽心尽力完成就好了！

08 温馨告别

除了平台的特殊要求以外，一般来讲员工离职都会给平台的同事写一封告别信。这是职场的一个基本礼仪。告别信的核心点：感谢分享和祝福。感谢平台的培养，感谢领导的提携，感谢同仁的帮助，感谢平台提供的机会。分享自己工作的心得，对同仁有帮助有启发的心得。祝福平台越来越美，祝福同仁越来越好！不要说冠冕堂皇的语言，朴实真诚的语言最能打动人心。你大可真情流露，没必要给自己设太多的条条框框，特别是高管，平时基层员工很少有机会近距离和您沟通交流，你的告别信就是让大家认识你的机会！

以下是华为前副总裁徐家骏在网上发布的告别信，我个人非常欣赏，供大家参考。

> 正非兄：
>
> 转眼工作十年了，在华为的十年，正是华为从名不出专业圈子到现在成为路人皆知的大公司高速发展的十年，见证了公司多年的奋斗历程。我也投身其中，在大潮中边学边游泳，走到今天。现在我要离开公司了，准备去开始新的事业，接受全新的挑战，我将要去做的事情，风险很大，很有可能是九死一生，九死后还能不能有一生，也难说。在开

始新的事业之前，想起了对过去的十年做一个详细的总结。在一个像华为这样高速发展的大企业工作，有时是一种炼狱般的锻炼，如果我能够总结十年的经验和教训，从中学到关键的做事、做人的道理，我想对将来一定大有益处。

这些年来有些人离开公司，写一些东西或书，对公司指手画脚、评头论足、指点江山，对公司的高层领导逐个点评一番，我个人感觉除了带来一些娱乐价值，还有什么益处呢？公司照样在发展，发展的背后，6万人种种梦想、努力、贡献、牺牲、奋斗、抱怨、不满、沉淀、离去、希望、失落；发展的背后，种种机会、重大决策、危机、失误等的内在逻辑又岂是局外人说得清楚？我不想多说公司，只是想对自己的工作经历好好反思反思，想想自己做了什么努力，做了什么贡献，做了什么自己最高兴、做了什么自己最受益、学到了什么。

总的说来，我在华为的十年是懵懵懂懂过来的，当初我好像没有什么远大的理想、没有详细的规划，只是想着把一件一件事情做好。通过自己的总结和反思，将来我希望自己能够更加有规划、更加清晰一点。

大概想了想，我觉得有以下几点，是这些年深有体会的经验和教训，值得今后再发扬。

（1）"从小事做起，学会吃亏，与他人合作"。

这是研究生毕业前最后一堂课，电子电路的老师最后送给我们的几句话，虽然我忘了这位老师的名字，但这几句话却至今铭记。在华为的工作实践中，我越发感受到这几条简单道理的深刻。从小事做起不是一直满足于做小事，也不是夸夸其谈，好高骛远。学会吃亏不是忍受吃亏，是不斤斤计较于一时一地的是非得失，是有勇气关键时候的放弃。

（2）"心有多大，舞台就有多大"。

我们很多的成功，来自于敢想，敢做，就像我第一次接到问题单，根本不懂，但敢去试，敢去解决，还真的解决了；就像我们做SPES，即使没人、没技术、没积累，还有CISCO等大公司也在做，我们也敢做，敢推行，不盲目崇拜或畏惧权威，也取得了成功。当然，这不只是盲目的胆大，心大还意味着积极地关注广大的外部世界，开阔宽容的心胸接受种种新鲜事物。

（3）"好好学习，天天向上"。

这句话用来形容对IT人士的要求最贴切不过了。真正的成功者和专家都是"最不怕学习"的人，啥东西不懂，拿过来学呗。我们IT现在有个技术大牛谭博，其实他不是天生大牛，也是从外行通过学习成为超级专家的，他自己有一次跟我说，当年一开始做UNIX系统管理员时，看到"#"提示符大吃一惊，因为自己用过多年在UNIX下搞开发都是"%"提示符，从未有过管理员权限。

看看专家的当初就这水平！当年跟我做备份项目时，我让他研究一下ORALCE数据库时点回退的备份和恢复方法，他望文生义，以为数据库的回退是像人倒退走路一样的，这很有点幽默的味道了，但他天天早上起来，上班前先看一小时书，多年积累下来，现在在系统、数据库、开发等多个领域已成为没人挑战的超级专家了。但是，学习绝对不是光从书本学习，其实更重要的是从实践工作中学习，向周边学习。

比如说我在华为觉得学到最重要的一个理念是"要善于利用逆境"，华为在冬天的时候没有天天强调困难，而是提出"利用冬天的机会扭转全球竞争格局"并真的取得成功，如果没有这个冬天，华为可能还要落后业界大腕更多年份；华为在被CISCO起诉时没有慌乱，而是积极应对，利用了这次起诉达到了花几亿美金可能达不到的提高知名度的效果。等等这些，把几乎是灭顶之灾的境遇反而转化为成功的有利条件，对我留下的印象十分深刻，也对公司高层十分佩服。

（4）勇于实践，勇于犯错，善于反思。

很多事情知易行难，关键是要有行动，特别是管理类的一些理论、方法、观念。空谈、空规划一点用处都没有，不如实际把它做出来，做出来后不断反思改进，实实在在最有说服力。没有实践中的反复演练和反思，即使是人人皆知的东西要做好其实都不容易。

举个小例子，比如做管理者要会倾听，我想华为99.9%的管理者都很懂这一点，但实际做得如何呢？华为有多少管理者做到了不打断别人讲话？不急于下结论给定义？不急于提供解决方案？有多少管理者能够做到自然地引导对方表达？问问对方感受？确认自己明白对方？

（5）要有方法、有套路，对问题系统思考、对解决方案有战略性的设计。

在前几年的工作中，由于取得了一点成功，技术上也有了一点研究，就开始夜郎自大起来了，后来公司花重金请来了大批顾问，一开始对有些顾问还真不怎么感冒。后来几年在公司规模越来越大、IT的复杂性越来越增加的情况下，我逐渐理解了很多。

西方公司职业化的专家，做任何事情都有方法论、有套路，甚至于如何开一个会都有很多套路，后来我对这些套路的研究有了兴趣，自己总结出了不少套路并给部门的骨干培训和讨论。在一个复杂的环境下，很多问题已经不能就事论事来研究和解决，非常需要系统性的方法和战略性的眼光。

对于一个组织的运作来讲，制度和流程的设计尤其需要这一点。爱因斯坦说过：

We can't solve problems by using the same kind of thinking we used when we created them.

（我们不能在创造问题的思维层面去思考解决方法。）

（6）独立思考，不人云亦云。

公司大了，人多了，混日子也容易了。人很容易陷入随波逐流、不深入业务的境地，而看不到问题和危险。专家有过一个研究，雪崩发生时，一般受害者都是一批一批的，很少有单个人的受害者，原因很简单，单个人在雪崩多发地会相当小心和警觉。

但一个群体，群体越大，每个个体就会有一种虚幻的安全感和人云亦云的判断，但现实是不管群体的力量有多大，雪崩都是不可抵抗的。因此我觉得在大的机构里，保持独立思考的能力尤为重要。

（7）少抱怨、少空谈、积极主动，多干实事。

我曾经是个愤青，经常容易陷入抱怨之中。但多年的工作使得我有所转变，因为知道了抱怨是最无济于事的。世界上永远有不完美的事情，永远有麻烦，唯一的解决之道是面对它，解决它。

做实实在在的事情，改变我们不满的现状，改变我们不满的自己。实际上也有很多值得抱怨的事情都是我们自己一手搞出来的，比如社会上很常见的是高级干部退下来了，抱怨人心不古，感慨世态炎凉，如果好好去探究一下，原因很可能是他权位在手春风得意时不可一世、视他人如粪土造成的。

（8）对职业负责，对目标负责，对自己负责，成功者往往自觉自律、信守承诺、心无旁骛。

大企业肯定会有绩效考核、会有论功行赏、会有KPI、会有领导指示，甚至会有一点企业政治，但如果我们片面地追求考核成绩、片面追求KPI指标、片面追求权钱利益、片面地对上司负责、对别人负责，而不对自己负责，不对自己的目标负责，失去工作的使命感、责任心、热情和好奇心，必将不能达到自己的最佳境界。而一个企业如果能够成功营造一个环境，让每个个体尽量发挥到最佳境界，那么企业也会战无不胜。

（9）多点人文修养和审美情趣，看起来与工作不怎么相关，其实太相关了。

杰出成就的取得离不开对美的境界的追求，最伟大的科学发现，往往蕴涵着秩序、简洁和美。缺乏一点审美的追求，什么UGLY的事情都敢做、不择手段、凡事凑合，一点都不"高雅"，必将不能长久。

（10）"大家好，才是真的好"，关注人，帮助人，真诚待人，厚道做人。

快速发展的现代社会，由于媒体的作用，过分渲染了人与人之间日益冷漠、诡诈的关系，但实际的社会、社区可能真的不是那么回事，起码我来华为之前，对一个大企业中工作的人事关系开始还有点未知的恐惧，但实际上在这个集体中的感觉几乎人人都能开放、真诚相待，关系融洽、和谐。

所以关键是我们自己要能够真诚对待他人，在与他人互动中将心比心。当然，工作中的冲突是不可避免的，实际上冲突也是没有必要去避免的，甚至很多冲突对组织来讲，是大有益处的。就像夫妻吵一架后感情往往更好。

只要我们掌握对事不对人和与人为善两大原则，就肯定能把适度的冲突引导到对自己、对组织都有利的方向。

（11）开放和分享的态度。

在一个高科技公司工作，如果抱着保守和封闭的心态，成长肯定会受阻。

（12）做好时间管理。

在华为工作十年，3650天，工作日3000天左右，这些时间是不是花在最重要的事情上了，有效的、有产出的工作时间究竟有多少，实在值得怀疑。时间管理是我在华为工作当中最大的教训之一，可能也是公司整体性的问题，工作缺乏计划，经常面临不断地被打断；或者是不断去打断同事；或者是不断地开会、讨论，占去绝大部分的时间；或者是被自己的兴趣所牵引，花大量时间搞一些不着边际的事情；或者是花很多时间在一些细枝末节的事情上，把很难很重要的事情一直拖到非解决不可的地步然后被迫仓促行事。现在回想，如果真的能管理好这十年时间，我觉得成就应该大很多。

第二章 / 我是新人

入职新平台是职业生涯的新起点。如何快速适应新公司的企业环境、企业文化是个难题。空降兵的阵亡率是挺高的，不可小觑。本章我会和大家一起分享个人总结的经验和心得。

01 亲善关系

新加盟一个平台时，我们都是新人，新人成长为旧人并不容易。

（1）要做到和所有同仁保持亲善关系，这不是说请团队一起吃个饭，和同事们谈笑风生就能做好，需要我们用心去经营。

要通过点点滴滴的细节去了解和熟悉你的领导的行事风格、思维方式、沟通风格、决策风格，以及你的团队每个人的特点和团队文化。利用你的敏感度找到身边乐意分享的或者喜欢小八卦的平台，了解公司的历史、现状，你的前任等。经常和同仁们聊聊天，喝喝咖啡，交流中让他们认识到你并不是关注那些八卦故事，而是真心真意想了解这个平台，目的是尽快融入这个平台，正式的沟通比较刻板，可以通过各种非正式的沟通方式来走近平台。

（2）就是虚心请教。专业的平台对新人的心态都是全力帮助和支持的。从打印机如何使用到财务报销的流程，或者和你负责业务相关的数据资料信息都可以咨询。多问，多收集一手资料，虚心请教你的同仁，请教的时候不时分享你的心得、你的收获，及时感谢同仁，再小的事也要谢谢同仁的分享和帮忙。礼多人不怪。

（3）就是少谈或者避而不谈前东家。尤其是前平台比目前的东家综合实力更好时更要少谈，这是一些大大咧咧的候选人经常犯的毛病。前东家再好，已经是过去，你比较来比较去，一会儿说你原东家是五百强，或者是业内的知名公司，流程多么规范，管理多么到位，福利如何如何比现在好，别人嘴上附和你，心里已经和你远远地有了一道鸿沟。有的背后还会嘀咕:"既然那么好,为什么要跳槽到我们公司呀?是不是混不下去啦?"这就相当于给自己留了一个被别人口舌的话柄。比较好的做法是经常把"我们"两个字挂到嘴边,经常使用现在服务平台的交流方式、交流习惯、交流逻辑去和大家交流,让大家切身感觉到你和他们已经是一个团队,你是他们中的一份子。这点很重要!

02 熟稔平台

这个其实是从拿到offer时就应当做的功课。我身边的很多优秀的管理层甚至在考虑是否接受offer时就不远万里飞到企业的所在地实地考察这个企业的一线市场的情况。不过即便我们入职前做了再多功课例如说收集了很多关于平台的报道,咨询了很多圈内朋友,甚至和目前平台的一些熟悉的面孔有过交流都比不上你真真切切地在平台服务一个月。有些企业看上去很美,实际上却出乎意料的糟糕,或者在外人眼里岌岌可危的业务实际上有很多亮点,总之真真切切地朝夕相处才能熟悉企业的全貌。

具体来讲可以从几方面同时进行。

(1)收集数据,可以从公司的同仁中了解你的上级、下级、平级、跨部门或跨地域的同仁,只要有机会就要多多交流。也可以通过和合作伙伴、平台的供应商、客户,尤其是战略客户、核心客户深入沟通,收集信息。容易忽略的是和基层、一线员工的交流,他们反映的情况可能最真实、最客观的;还有就是收集竞争对手的数据,做参照。

(2)分析数据,其中定量分析数据很重要。面对很多模糊数据的时候用多种思维方式去解读,同时可以和利益相关者去讨论,既要关注细节,又要考虑大局。大胆地假设,小心地求证,这都是熟知的方法论,关键就是让数据落地为你所用,同时通过多年的经验和手感能预断平台的方方面面。

（3）就是熟悉面孔。尽可能地记住所有与你交流过的同仁的名字。记住新同仁的名字传达的弦外之音就是你是一个有心人，而且非常乐意融入这个平台。

03 重要紧急

刚加盟企业时，各种大小问题有时真让新人感觉千头万绪，抓狂的心态经常出现。如何做好重要紧急的事情是需要考量的。确定哪些事是重要紧急的，不是你个人想象的，也不是平台对你的期许，领导对你的具体要求，抑或下属的求助，而是你通过短期的考察分析和团队商量共同达成的建设性的方案。需要强调的是，要平衡短期的利益和长远的利益。有的事情能立竿见影看到效果，但是对平台长期发展不利，即便是能给个人带来表现机会，我们也要慎重考虑是否可行。平台的利益是凌驾于一己私利之上的。如果有同仁不理解、不支持，我们需要耐心地、细致地解释，有理有据地说明来龙去脉，得到同仁们的认可。记住千万不要急于求成，能让平台信任你，认可你的战略、战术方案是一种能力，可能需要几个月甚至一年左右的时间。因为一方面平台本身的生态体系决定了其运转的节奏，另一方面需要你和平台的各个层面进行磨合，包括环境的磨合、心态的磨合、人际关系的磨合、思维方式的磨合等，稍安毋躁。

04 核心团队

不管我们有多漂亮的战略方案、多周密的工作计划，都离不开人的落地执行，所以需要打造自己的核心团队。基层员工不展开探讨，只要记住倾其所能让自己成为管理层的核心团队成员，成为销售冠军、技术骨干，甚至是最细心的最敬业的助理，为自己的成长奠定坚实的基石。管理层入职的重点之一就是打造自己的核心团队。如果实在觉得势单力薄，可以外招合适的同仁或者曾经用的如鱼得水的前下属来帮助自己从一些事务性的工作中抽出身来，有时间和空间去思考最重要紧急的事情。对现有团队要考察，发挥他们的长处，尽可能地用起来，而不是一上任就血雨腥风地大换血。这是职场大忌！立刻换血造成的恶果是人人自危，诚惶诚恐地工作，想想如果一天到晚担心丢饭碗，还有什么工作积极性、主动性可言。明智的做法是和团队一同制定共同的目标，在共同的目标的前提下去奋斗。曾经有位高管在收购一家大家都吐槽很多员工缺乏活力、缺乏工作主动性的老国企时，他分享了一个很好的管理方式，我认为值得我们大家借鉴。他分享的思路之一：先定下共同的目标让大家跑起来，马上表态不愿意跑的那就放弃，愿意跑的一起跑，跑得慢的拉一把，跑得快的会得到嘉奖，在跑的过程中顺其自然地出现优胜劣汰。

05 团队默契

团队管理是管理人员空降新平台的核心功课之一。很多管理人员在团队管理上都是八仙过海，各显神通。打造团队的默契度是附加值很高的功课，这是我自身的体会和很多优秀的管理者分享的心得。哈佛大学心理学教授理查德·哈克曼（Richard Hackman）曾研究过空降军的表现，他发现，团队和个人一样存在一个学习曲线，当团队成员熟悉后，他们的表现通常更好。没有默契度的团队就如身边经常可以看到的失败并购案例，即便是两个企业强强并购，一堆不同行业的专家的组合，也很难创造出

1+1＞2的结果。不同的文化、不同的交流方式、不同的思维方式天然地铸成了一道心灵沟通的壁垒。陌生感又平添了一道厚厚的油漆让沟通更加不顺畅。团队默契度是需要在共同的时间和空间里多次的、愉悦的、顺其自然的、高效的交流，不是一朝一夕能完成的。打造高默契度的团队可以实现比较完美的协同效应，让合作更加高效，优势互补，规避风险，从容应对各种变化，让竞争对手无法复制。组织最大的优势之一就是无法复制。在我看来这是很多五百强企业人性化管理艺术的成功之道。企业如果想单靠团队中的一两个人才根本不可能成就一番事业。正如交响乐之所以能演奏出优美的篇章就是整个乐队能默契配合，完美地组合。离开这个优秀的团队，很多管理层就很难一展拳脚。

06 培养默契

提高团队默契度并没有想象的那么难。首先作为管理层的管理者要深刻意识到团队默契度的重要性。只要您稍微用点心在团队的默契度上，你的团队就会稳健地走得更远。下一步来讲如何去做呢？就是定期地布置团队合作的工作任务，可以系统地统计一下团队曾经合作的项目的成员名单，类似的项目毫不犹豫地交给他们执行，异地的团队尽量让他们彼此经常见见面，沟通沟通感情，计划将来要一起做项目的成员现在就开始让他们彼此熟悉起来，可以通过各种团建活动、饭局、Party（派对）、爱好群、微信群让大家在轻松愉悦的非正式沟通环境里熟悉起来，感性的纽带会给理性的工作带来美丽的色彩，合作经常会起到意想不到的效果。更科学的做法可以提炼核心数据，持续地追踪团队的默契度为公司所用。俗话说"人非草木，孰能无情"，情感的交流和共鸣会成为职场交流的润滑剂，默契度高的团队多数比那些形同陌路的团队更让组织受益匪浅。当然如果是创意型的工作可能会有例外，默契度长期表现高的团队可能思维比较相似，需要借助外脑和外力来共同创造。跨部门、跨行业、跨地域的头脑风暴会给创造力要求高的任务带来新鲜想法！

07 危机管理

职场上中高层，尤其是高层经常需要处理大大小小的危机。约翰·F.肯尼迪（John F. Kennedy）1959年发表了一篇重要的讲话，他在其中提到"Crisis"在中文中是"危机"两字，"危"指"危险"，"机"指"机遇"。虽然专家认为从语言学角度分析并不完全正确，不过危机中暗藏机遇的想法是比较正确的。如何把危机化为转机是管理层必修的功课。

中国有句古话：防患于未然。在我看来是金玉良言。不要等危机到来再去想亡羊补牢，就是补了牢，也付出了亡羊的代价！任何组织、任何管理人必须有一套科学的危机管理系统、财务的危机管理系统、人力资源的危机管理系统、业务的危机管理系统、战略的危机管理系统等。需要企业的CEO从战略的高度去思考，去推动，去指导团队落地。在这里我们重点谈谈管理层的危机管理。专业的管理者都是各行各业的精英，最难管理的不是专业的问题，而是个人的情商管理。"高管教练"曼弗雷德·凯茨·德·弗里斯（Manfred F. R. kets de Vries）在文章《教高管降服"心魔"》中提到管理者的心理健康程度决定企业运营的方方面面。但高管们却普遍存在四种"心魔"：病态自恋、躁狂抑郁、被动攻击和述情障碍。它们严重危害了高管的事业发展，并阻碍了所在机构的运营。我的建议是从音乐、运动、自然、哲学书籍等各种个人爱好中找到放松自己的通道，让自己处于压力下的灵魂保持冷静。

在企业里面可以自己规划一个非正式组织的危机管理大本营，从企业内部来讲，你必须清楚地知道在危机发生的第一时间能让他们随时待命，对这个大本营里的成员要了如指掌，他们是各个部门的第一负责人，也可能是个类似门卫、保安的基层员工。而且他们是24小时不能关机的，随时听命指挥，你甚至可以定期或者非定期地测试一下。随时随地奖励那些预防危机发生的同仁。从企业的外部来讲，需要与那些核心媒体、核心客户、核心政府部门等保持长期稳定的良好互动。不要等事情发生了才想到去公关，如此只会把自己和组织置于非常被动的处境。英文里有句谚语：Hope for the best, prepare for the worst! （抱最好的希望，做最坏的打算！）在你上任的第一天，你在心里就要设想可能遇到的最糟糕的状况，防微杜渐。这里提出容易忽视的一点，你甚至要设想如果有一天公司的CEO突然不出现在公司的应急情况，或者你本人不能出现在公司的各种预案。不断地积累和收集危机管理的成功案例，从其他组织的成功危机公关中收获是成本最低的学习方式，可以多多借鉴。

08 忍耐等待

新加盟一个平台最容易犯的错误就是急躁。任何平台发展到现在都有其自身运营的节奏和生态环境。我们看到的问题可能是真实存在的，也可能是你的解决方案可以改变现状，效果立竿见影。但是切莫急于刷存在感，一时的存在感不会给你带来任何荣耀。

我们需要站在平台的创始人的角度，站在市场宏观环境的角度，站在平台战略的角度以及站在各个业务部门动态平衡等各个角度去审时度势地通盘考虑你马上行动是否正确，是否符合平台的天时、地利、人和。有时什么都不做都比草草行动强。中国的历史事件绚丽丰富，很多故事都会给我们要忍耐等待的启发。个人过往的工作经验哪怕再丰富,在面对新环境时也不可能做到完全客观。

已故行为决策理论创始人之一的赫乐尔·恩洪(Hillel Einhorn)曾说:"如果我们相信能从经验中学到什么,那么也可能什么都学不到。"

分享我总结的三点心得。

(1)我们经常忽视的案例是把侥幸当作成功。真实的情况是侥幸就是侥幸,完全不能复制,明智的做法是从中学习经验教训。风险控制是平台首先要考虑的。

(2)我们现在过于关注成功的案例,倾情耀眼明星的屡屡成功业绩之余是否应该多多关注一下平台失败的案例,分析一下他们战略决策的逻辑错在哪里,弱在哪里,败在哪里;不要老归咎于平台某个人的个人能力,总结出平台的失败原因更能为你所用。

(3)攻守之间的平衡是一门艺术。洞悉老板的攻守战略也是管理层必修的学分。有的老板愿意坦诚分享,有的老板确实需要你自己去体悟。当你无法改变老板的战略时你只能忍耐等待,盲目辞职是对自己最大的不负责任。欲速则不达,记之,践之。

09 兼听则明

决策时赞成和认同的话语听得越多越需要警惕。彼得·德鲁克(Peter F. Drucker)曾说:"除非有不同的见解,否则就不可能有决策。"如果管理者包括老板在内要制定有前瞻性、有的放矢的战略,必须要全方位地听取各方面的意见,尤其是虚心听取反对意见。我们要在平台中打造一种坦诚沟通、开放交流、勇于拍砖的文化。具体来讲,首先要建立一个能够信任沟通、无风险交流的通道;其次是建立一个来自不同文化背景,对战略有独到见解的智囊团，同时保持定期的良性互动。但是不要把全部希望寄托在那些雇用来收集分析数据的专业人士身上，一旦他们知道你的底牌后可能做的事情就是告诉你想听的信息。尽全力让他们客观地寻找警示你失败的数据。最后，私底下要交一些能和你智慧碰撞、爱和你较真、就事论事和你针锋相对辩论的"损友"。我们要特别珍惜团队中独立思考、直抒己见的同仁和那些"损友"，在重要的战略和事务上面他们的意见会给我们带来很多启发和思考以及修正的时间和空间。皮克斯和迪士尼动画工作室总裁埃德·卡特穆尔（Ed Ctmull）强调，建立能够提出反对意见、削弱管理者锐气的智囊团很重要。他在一篇文章中写道，长期看，每个人都会因会议中的反对意见受益，因为"听同事讲出影片的问题，我们还有时间弥补。但如果批评的声音来自观众，再想修改就来不及了"。

10 留白思维

职场上的管理层尤其是高层经常忙得不可开交。曾经有一位高管告诉我，他最忙的时候甚至找不出一个小时的时间安静一下。中高管的时间不属于他个人，属于他服务的平台、他的团队，经常看到很多高管在家庭需要他的重要的时刻都无法分身！有得必有失，艳羡的风光背后的故事经常是默默无闻的付出！在我看来，即便是高管，也千万不要把自己变成一台工作机器，最好每天给自己留点空白的时间，可以静静地听一个小时美妙的音乐，可以去健身房锻炼出迷人的腹肌、曼妙的身材，可以去谈谈恋爱，看看父母，去微信群里看看八卦，虚度一点带着星光、月光、阳光的时光，做点自己喜欢做的事。保持充沛的精力和体力，有一颗清醒的、具有创造性的头脑对管理者非常重要。

逢场作戏的应酬能免就免了吧！与其浪费时间和精力疲于各种应酬，

不如回家好好睡一觉。优秀的管理者不单是平台的稀缺资源，也是家庭和社会的稀缺资源。你们要好好保护资源，同时要告诉大家保护资源，人人有责！告诉大家你也需要帮助，需要老板、团队、朋友、家人，还有一个高效的助理的协助。优秀的中高管（包括商界和政界的）助理绝对不可小觑，他们的情商就像一个充满能量的小宇宙，给老板创造了一个一张一弛的时间和空间，他们是幕后英雄，也是真正的潜力股。我们要做的是慧眼识珠，挑选一名得力的助理和秘书并让其成为你个人时间和精力的管家。

11 亲近思维

这是一个日新月异的时代，明天太阳升起的时候也许又有一家伟大的公司诞生了！平台的主力军越来越年轻，越来越多的90后成为职场闪亮的新星。管理人员的沟通方式也需要与时俱进，不断优化调整。单一靠命令、自上而下的领导沟通模式只能在职场上越走越窄。如果在会上你高谈阔论自己的英明决定，而不是坦诚地和员工交流沟通，员工会离你越来越远，表面的客套和真正的心心相印、惺惺相惜是天壤之别。卷起袖子和基层员工一起工作一个下午比你在高大上的办公室给他们群发一封慰问邮件效果强多了。你需要真诚地走入团队，走入公司的世界里，深入骨髓！偶尔听说一些高管总在天上飞，团队半年甚至一年都见不了老板一面，这是多么可怕的事情！因雇佣关系结盟的团队不能单靠一纸合约，需要和团队真心亲近，和团队谈一场心心相印的恋爱。具体来讲就是建立信任，坦诚交流，耐心倾听，定期互动等。我会在后面专门设章节分享自己多年总结的使团队心心相印的具体方法。

第12章 / 心心相印

　　读着"心心相印"这四个字,是不是心里微微地有点温暖?人与人之间是有磁场的,需要我们用一颗真诚的心润物细无声地去和团队沟通交流,相信"种瓜得瓜,种豆得豆"。工作也是生活的一部分,甚至是一大部分,如果我们用理性的头脑加上情感的润滑剂去经营,相信有一天即便身体深陷雾霾,内心也是春暖花开。

01 平易近人

不管你原来的业绩多么耀眼，不论你的家世多么显赫，在平台上大家都是平等的，只是分工不同而已，没有谁高人一等。柏拉图曾经说过："衡量一个人好坏的关键之处，就是要看他在拥有权力时的所作所为。"

作为企业的管理层，一言一行都被公司的同仁看在眼里。要想做到真正意义上的平等，我认为可以从称谓开始。可以称呼你的直线老板"老师"或者温馨的英文名，抑或是团队给你起了一个非常有创意的名字，我就听说过有公司的候选人称呼老板为XX校长、XX部长、唐僧、樱桃小丸子、大熊猫等。在这点上很多外企值得我们效仿，即便是董事长，大家也是直呼其名。任何场合、任何时间都需要同仁称呼您XX总、XX总监、XX经理，百分之百会拉开和同仁的心理距离。同仁表面看上去对你的命令言听计从，实际上却不会向你坦露任何心迹。没有平等交流的时间和空间，除了正式的工作汇报和会议外，我们可能看到的是同仁们鸦雀无声的沉默。这里的沉默可不是金，可能是同仁们无声的较劲呢！我们都知道发自内心的尊重不是来自于显赫的高位，而是你的人格魅力和脚踏实地的业绩。其次，我们可以每周甚至每天尽可能地安排一些时间与同仁face to face（面对面）地交流，请他们一起聚个餐或者请某位业绩突出的员工吃个大餐，或者为某位准新郎举行一个告别单身Party。当你的心思放在同仁身上，同仁们会感觉到，即使再内向的同仁心里也是暖暖的，因为人性是相通的，每个人的脑门上都写着"我很重要"！我们要让同仁发自内心地感觉到他们很重要！

02 高效倾听

高效倾听是你送给同仁最美的礼物。高效倾听是通过润物细无声的方式传递了你内心的最强音——那是尊重对方，关心对方，重视对方，体恤对方。如何做到高效倾听呢？我把自己多年和无数优秀的管理人沟通和在学习中总结的经验分享给大家，记住：倾听是需要做很多准备功课的。

（1）要认真了解一下对方的客观情况，最近对方所在的市场环境如何、业绩如何，如果业绩差，原因有可能是哪些，有哪些可以帮助到对方个人或者团队的方法和思路，等等。

（2）情感的准备是从心理上要认同他，对方和你是平等的、开放的、心与心的交流，态度是不卑不亢。无论内心有多愤怒、多反感、多不情愿都要保持一个管理者起码的素养，发自内心地尊重对方。意识流会通过气场无声无息地传递，语言可以掩盖内心，肢体语言却很难掩盖心迹。一份关心的目光、一个适时的拥抱、一个由衷的微笑都是非常棒的表达方式。身边的榜样层出不穷，比如我们的爸爸妈妈，比如我们的亲朋好友。

（3）倾听的过程是交流的过程，要在倾听的过程中听懂对方的话语背后的声音。这考验我们的综合判断能力，需要抽丝剥茧地分析：哪些是主观原因，哪些是客观原因，客观原因是平台的影响还是对方家庭或者其他因素的影响，主观原因是对方在压力下偶尔的突发反应，还是他的惯常做法。事物表象后面的逻辑常常被我们忽视。

（4）高效倾听的雷区就是漫不经心，表现方式各种各样。比如中途老是打断对方的话，比如时不时地看手机、接电话；最致命的是毫无准备的倾听，如果你对对方一无所知，再专注的倾听也会让你功亏一篑。

今晚你无妨花半个小时先从聆听你的家人开始，听听他们一天的故事，或许会有很多意外的惊喜哟！

03 量身定做

　　每个个体都是独一无二的。每个职场人士都有自己的价值观，自己引以为豪的幸福指数和奋斗目标，甚至还有在他人眼里觉得匪夷所思的所想所思、所爱所好。身处在价值观多元化的职场环境里，对管理人员情商的要求会更高。需要我们用心去观察，去发现，去感知每一位同仁，同时职场的同仁也在践行不同的价值观。美国心理学家、哲学家威廉·詹姆斯（William James）曾说过："在人类所有的情绪中，最强烈的莫过于渴望被人重视。"哈佛大学的康特教授进一步指出："薪资报酬只是一种权利，只有肯定才是一个礼物。"

　　肯定的方法有很多。

　　（1）我们要做到的是换位思考。我们不要主观臆想同仁需要的激励方式，而是需要通过大量的了解分析和沟通获得正确的信息，如果你足够肯定你的判断，可以直截了当地和同仁沟通，亲切地询问同仁当他表现突出时喜欢哪一种肯定方式，同仁一定乐于分享。

　　（2）一定要兑现承诺，百分之百兑现！百分之百兑现！百分之百兑现！重要的事情说三遍！空头支票比什么都没有肯定更糟糕！一诺千金是亘古不变的道理。千金一诺，又称一诺千金，出自《史记·季布栾布列传》。讲的是秦朝末年有个叫做季布的人，为人非常守信用，答应别人的事情就一定会做到，因此在当时就有"得黄金百斤，不如得季布一诺"的说法。这个故事流传至今，人们便用千金一诺来形容一个人说话做事非常守信用。披上有信用的金装，你在职场一定会立于不败之地。

　　（3）就是营造一个轻松的、快乐的肯定氛围远胜于一本正经地教条般的肯定。越来越多的90后潇洒地行走在职场，他们最吸引我们的是他们越来越有主张，越来越有趣，我们是不是也应该用同样有趣的方式肯定他们，肯定我们身边的同仁呢？

04 离开电脑

经常看到一些管理层尤其是中高层不是出差满天飞，就是待在办公室的工位上疲于应付各种工作邮件、电话会议、各种报告，忙得不可开交。如果用一个摄像头跟踪他们的足迹，会发现和他们最亲密的是电脑。

人与人是需要情感沟通的，职场的同仁更需要经常沟通，面对面地沟通，不是简单的碰面问声好，而是需要用一颗真诚的心走近他们的心灵。今天我们坐在工位上写东西之前，不妨走到同仁的工位旁，看看他们的工位是怎么样的，看看每个人的工作状态如何，我保证你会有很多新发现。你可能会看到某位同仁的办公桌上放了一张帅气十足的宝宝照片，或者一堆可爱的星球大战的机器人模型，或者是一盆同仁精心呵护香气四溢的茉莉花。这些都是你和同仁们交流的素材，也会是发现激励同仁的线索。我们可以关心同仁的宝宝最近有哪些变化，爸爸妈妈们谈到自己的宝宝时都是神采飞扬的，也有很多育儿烦恼，如果我们能给一些建设性的建议和帮助，他们一定开心极了！你同样可以敞开心扉，咨询一下同仁生活中遇到的小难题，集思广益让同仁们一起帮忙解决。很多公司都是藏龙卧虎之地，经常在大家探讨如何解决问题的时候发现XX同仁居然还有如此才华。

建议同仁们远离电脑最主要的原因就是避免自己的工作机器化、机械化。而且越是做到平台的高层花在与人沟通上面的时间比重肯定是更高的。人才是企业最重要的资源。我们总是主动或者被动地和电脑分秒不离，电脑是不能赋予情感温度的，文字的温度也是有限的，你发一百句"你很棒"都不如给同仁一个实实在在的真诚的微笑、温暖的拥抱。

05 奖励小美

众所周知，职场上大多数同仁都是合格的，一无是处的同仁基本上是少之又少。奖励同仁们做的利于平台的大事基本是每个平台都会做到的，但是平台天天哪有那么多大事发生呢？我们在平台工作，每天做的都是无数利于平台的小事，这些小事同样需要肯定，需要赞美，需要奖励。我们要做的是擦亮我们的眼睛去发现它们，生活中不缺少小美，缺少的是发现小美的眼睛。下面是一些小美的list（名单），可以先开个头：

① 主动帮助公司的同仁解决工作的难题；
② 发现了同仁的工作疏漏，及时制止修正；
③ 经常将管理工具或方法分享给同仁，提高同仁的工作效率；
④ 提出有利于公司发展的任何创新；
⑤ 主动承担职责之外的任务并出色完成；
⑥ 获得客户的表扬和得到同仁的高度认可；
⑦ 可以接受任何工作都不抱怨、不推脱；
⑧ 发现潜在的员工关系的风险并及时汇报；
⑨ 总是用各种创意创造快乐，名副其实的公司里的开心果；
⑩ 通过优化流程等各种方法帮公司节约了成本。

06 金口常开

生活在转型中的中国，我们要与时俱进。身在职场要做到游刃有余需要我们放下念念不忘的含蓄，放下陶醉自我的内敛，大方地赞美同仁，大气地送上你的溢美之词。爱在心中口难开只是一个逃避沟通的借口，只要你爱得自然，爱得坦荡，爱得真诚，就大大方方地表达出来。我们可以专门拿出一个笔记本，在笔记本里面写下所有和你有往来的同仁的名字，认真地回忆一下你最近一个月赞美同仁的时间、地点和事由。是不是发现自己赞美的次数太少了？没关系，从今天开始给自己开个金口常开的良方，每天至少赞美一位同仁。

每天至少发现一次身边的同仁值得赞美的小美。每周总结一次自己赞美的成果，哪些是赞美的收获，哪些赞美还做得不足，哪些同仁赞美别人的方式让你感觉赏心悦目，是不是可以偷学几招，哪些同仁给予你赞美，是不是可以让自己的某些特质、某些工作获得更多的赞美？最重要一点是留心一下你赞美的同仁们收到赞美后的表现，培养自己Appreciate（感激）的心灵，让自己的赞美之音回荡在公司的角落里，每一处都留下无尽的芬芳。

07 赞美之词

赞美是一门艺术。在职场上如果要让赞美之词真正发挥正向激励的作用，也需要我们字字句句精雕细琢。比如说"你很好！""你真棒！""你太厉害！"这些说起来很顺口，听起来也不错，但是真正发挥的效能却不大，有时反而适得其反。先分享三个基本原则。

（1）赞美要具体化。着眼于赞美的事本身，有针对性地赞美，例如，"你这个月的销售业绩比上个月增长了五个点，很棒呀！再接再厉，争取更好的业绩！""你提报的方案为公司节约了300万元的成本，我们部门都为你骄傲！我们都要向你学习！""你这个月经常利用业余时间帮助团队熟悉新的销售系统，他们现在用得顺了，都非常感谢你！"具体化的赞美可以激发被赞美人重复被赞美的行为，并且可以让周围的同事感受到公司的价值观取向，纷纷效仿。

（2）真诚。要发自内心的赞美同仁，而不是当成例行公事。完成任务的心态和真心要做好的心态千差万别。即便你的言语准备得天衣无缝，表达得毫无差错，但你的肢体语言会传递更多的信息，真诚的力量最强大，与其虚伪地表达不如一言不发。

（3）有的放矢，不能过于夸张。恰如其分的赞美最好！这里有个小小的经验分享给大家，如果我们说不出华丽的语言，我们就用最质朴的语言表达，别担心语言单薄，你的肢体语言会告诉他他很棒！过于夸张的赞美会让同仁感觉不真实、不客观，同仁本人和其他同仁听后都会异常反感，会质疑你赞美的动机。

08 赞美时效

赞美具有时效性，及时的肯定是核心原则。及时就是立刻、现在、马上。将赞美作为一项重要的任务去执行。试想一下，如果我们在同仁有正面表现以后的几个月再去肯定，其肯定的效果必然大打折扣，而且会让同仁质疑你是不是有什么其他的企图。及时赞美可以给同仁迅速反应，让同仁明白我们时时刻刻在乎他们的表现，他们每一次小的进步，每一点努力付出所取得的成绩，每一个微小的创新，我们都会鼓励，都会珍惜，都会在意。赞美的及时雨润物细无声地下着，也就营造了平台的核心价值氛围。同仁们通过他们的赞美传递着雨的心意，在千丝万缕的春雨中，我们嗅到的是沁人心脾的芬芳。

09 隐形超人

多数平台里都会有默默无闻、谦逊温和、业绩突出的超人存在。他们沉浸在工作的乐趣里，从不夸夸其谈，从不骄傲，经常是出色完成一项项工作或者在平台出现重大危机时力挽狂澜才被大家发觉。躲在聚光灯后的超人需要我们管理层的加倍珍惜和爱护。

我们来探讨一下这个课题：谁是超人？

超人是与众不同的。他的低调给他自己穿了一件隐身衣，需要我们擦亮眼睛去寻找。特别是在大型的集团公司里面，入职的门槛就比较高，集团人才济济，如果不精心去观察、去分析、去发现，或许会错失真正的超人。

超人也是有共性的。

（1）超人一定是本职工作出色的同仁。需要关注的细节是超人总是把贡献和业绩归于他的团队，在言语和行动上忽略他本人的付出。他经常说我们，而非我！从不居功自傲！从不抢功揽功！越是优秀越是安于平淡，只有在危机或者挑战出现时才会现身。

（2）超人多数是工作狂。他们责任感超强，在工作上一丝不苟，承诺完成的工作不会有一丝懈怠。需要关注的细节是：为完成一项任务废寝忘食，主动承担挑战的任务，在平台面临危机的时刻挺身而出。

（3）超人有追求完美的情结。在细节的管理和实际上精益求精。这一点我们从很多知名的CEO身上可以看到完美情结的案例。乔布斯就是完美主义的典范。关键点是超人追求完美的初衷不是出于私心和私利，而是出于对工作的热爱，对产品的热爱，对品质要求的责任感！

找到超人后，如何关爱超人呢？

（1）要给他们公平公正的激励。在他们没有提出任何薪酬福利要求时，就要想方设法地为他们提供更好的薪酬和福利。为他们创造更好的工作环境和生活环境。

（2）是不要盲目给他升职或者让超人权责过重。如果他是一个技术狂人又不热衷管理就让他在技术领域做专家即可，没必要让他分出很多精力去做操盘的管理者。管理线和专家线是人才成长的不同路径，没必要勉强专家型人才去做管理权重很大的工作，这是组织的资源浪费！

（3）管理者需要为隐形超人创造他能畅游的舞台，比如非常规的组织架构的设计，比如更人性化、更富有创新意识的办公环境的设计。因为隐形超人在我看来是成就感驱动、使命感驱动、内心拥有远大抱负的超能千里马，他们需要管理者们、伯乐们、同仁们用更博大的心欣赏，更广阔的胸怀包容。千里马得之，幸也！

10 忠言逆耳

据权威调查表明，当HR高管被问及他们在业绩管理方面最具挑战性的工作是什么时，63%的人提到的是管理者无法或不愿进行反馈讨论。接受反馈确实很艰难，但这却是需要我们不断提高、不断完善的技能。因为心平气和地听取忠言，可以从逆耳的批评和建议中吸取精华。如何做到心平气和呢？如何才能欣然接受任何反馈？

（1）我们要静下心来了解自己，了解自己的思维模式。自己是偏感性的，还是偏理性的？感性的时刻决策是不是会犯一些低级错误或者有过激的行为和夸张的话语？如果有，请在得到反馈的时刻在脑海里画一个STOP（停止）！静静地听完同仁的话语，先不做任何承诺、反驳、表态，只听，集中精力听！如果你是偏理性的，请注意你的肢体语言，你需要和沟通的同仁有共情！千万不要无动于衷或者轻描淡写。过于理性的行为会给人冷酷的感觉，即便你深知你是对的，你也不需要把理性变成盔甲，拒人千里之外。而应该把理性变成你的画笔，画出你和同仁共鸣共情的篇章。

（2）要做到将人和事分离。"对事不对人"是我们经常要提醒自己的话。客观地看待事情，这里有个小方法就是有时你不妨跳出自己的圈子把自己当作一个旁观的局外人，旁观者清。在忽略了个人利益和思维习惯的时候你会更清醒地看到客观事实。我们要经常问问自己："为什么我会得到这样的评价？""哪些事情我做得不够好？""我做哪些事情可以改变现状？"

（3）定期分析我们收集的同仁的信息。哪些信息是对我们有帮助的，哪些信息只是一时的情绪反应？如果没有任何有价值的信息，我们还需要主动出击去获得反馈信息。因为没有任何信息也是一种信号，代表你和同仁们缺乏沟通。尽可能地花时间过滤、分析、研究信息，了解这些信息背后的原因，背后深层次的故事和意义。只要你用心去做，一定会有很多意想不到的收获！

（4）需要用同仁们能理解、能接受的方式反馈。如果接收到很多有价值的信息，我们必须适时地给予反馈。反馈在一定程度上是帮助、辅导同仁的好时机，但是一定要字字斟酌，包括反馈时的综合环境，尽可能用同仁能接受的方式去沟通交流。还要确认同仁接收的信息是你期望的。更好的方式是不但反馈他要的信息，还告知你所总结的这些信息背后的逻辑和依据，包括对他进行辅导的良苦用心。

（5）定期和同仁沟通信息。每个平台的人群千差万别，有的是畅所欲言，有的是鸦雀无声。不管你在哪个平台服务，都要定期和同仁交流，尽可能地多和同仁交流，哪怕你是一位基层员工都需要践行。可以正式沟通，也可以多多尝试非正式的沟通，请同仁们喝个茶、吃个饭，请教同仁们自己有哪些地方需要改变和提高。特别是企业的中高层，如果你主动地征求对你有建设性的建议和有助于提高的信息，你给大家的印象会是你不但有追求卓越的热情还有一颗谦卑的心。这里有个小方法分享：你可以先留心观察同仁们一举一动，找到一些同仁们需要提高改进的地方，开诚布公地和他们交流，当你对同仁们耐心细致地辅导时，也是他们对你敞开心扉的开始。

（6）不确定的时候可以大胆尝试。任何决策都有风险。当我们汇集分析了所有信息还是不能确认能否开始一项工作的时候，我们可以组建一个特别小组，可以把提出信息的同仁邀请到小组里面作为顾问或者小组成员，先在自己身边的小范围比如一个事业部或者一个部门尝试一下，尝试的过程就是学习的过程，不断尝试，不断学习，不断总结，最终获得切实可行的方案。

（7）我想大声地说：请珍惜身边对我们说真话的同仁，哪怕他们的表达方式有点过分，有点无厘头。他们是我们成长的贵人。尤其是高管，如果你能包容身边一群敢于直言的同仁，你会在职场更加游刃有余，还能避免很多职场危机。我很喜欢的一句名言分享给大家："千人之诺诺，不如一士之谔谔！"

11 多多鼓励

身处竞争激烈的职场中，同仁们多数都是拥有很多优点的。我们不但要看在眼里，更重要的是说在嘴边。不要吝啬你的表扬，不要担心同仁会骄傲，更多的同仁听闻认可后会更加信心百倍地工作。

经常听到一些职场同仁抱怨，"我的领导从来没说过我哪里做得好，整天就是我这里不好、那里不好，搞得我都认为自己一无是处了！"还有一些同仁吐槽："我的领导非常苛刻，典型的完美主义者，我做了99分她都不认可，1分的缺点被批得面目全非！"同仁的沟通是需要时时刻刻走心的，切记过犹不及，过度责备只会适得其反。想想我们小时候父母师长是怎么鼓励我们的。我们可以用类似的方法去尝试。职场上通用的汉堡包法则值得我们多多践行。同时，根据多年的观察经验，我个人一定是倡导鼓励多于批评。鼓励和批评要八二分，符合八二原则，即80%的沟通是鼓励性的语言，20%是纠正性的语言。对于职场新人可能要符合九一原则，即90%的语言都是鼓励他人，表扬他人。职场的中高层们某种意义上就是同仁们的教练，教练的高明之处就是鼓励正确的事情不断发生，不放过任何一次鼓励同仁的机会。

12 肯定日记

肯定是需要我们持续不断地认真做的功课。我们可以给自己设一个肯定的表单，可以在表格里面列好所有同仁的名单，并总结出需要你重点关注的同仁的名单。下一步开始肯定日记的笔记之旅。从今天开始记录下你肯定的时间、肯定同仁的原因、如何肯定他的核心点，甚至给自己或者团队设一个肯定日，规定自己和团队的同仁那一天必须肯定。同时定期（可以一周，可以一个月）回顾你的肯定日记，如果你的日记是空白的或者只是稀稀疏疏的几十个字，那么代表你的肯定能力需要加强。你可以通过观察日记，分析自己的肯定行为并不断完善，肯定的对象是否过于单一，肯定的频率是否过低，肯定的语言是否恰当，肯定后的反馈是意料之中的，还是与想象中的大相径庭。你也可以倡导周围的同仁和你一起记录肯定，记录方式可以多种多样，同仁们定期一起分享自己的肯定日记，互相交流肯定的心得，学习同仁优秀的肯定方法的同时，也让更多被肯定的同仁潜移默化地重复肯定的行为。肯定的良性循环由此产生，多赢的故事不断展开，肯定的文化水到渠成地获得倡导，肯定的声音润物细无声地在平台上流淌！

13 变幻无穷

　　一些公司的人力资源在讨论应该买什么奖品进行激励时，经常感觉绞尽脑汁了还是难出新意。我们不妨把这个"小难题"抛给大家。

　　有几种方式分享给大家，比如我们可以在新人入职时提出一个必答题：如果你在平台上表现出色，那么你希望得到什么奖励。当我们记录下新人的期望值时也在新人的心里播下了一颗积极向上的种子。比如我们可以集思广益，收集所有同仁的心声，听听他们的声音，或许我们会有新的发现，会有更多更好的创意。取之于民，用之于民！

　　原则上是精神激励和物质激励相结合的方式，有春风化雨的暖暖细语和风光体面的证书奖杯，也有厚厚的红包、带薪的假期、更弹性的工作时间等。要让平台的所有同仁认识到提升员工的满意度是大家共同的功课，要让每一位同仁感受到我很重要！如果服务平台的每一位同仁都感觉到自己很重要，那么我们平台的激励方法就是值得不断推广和实践的！

　　再比如为员工和团队组织各种别出心裁的派对，让他们在派对里面尽情地放松自己，尽情地释放压力，尽情地获得各种视觉、听觉或者其他感觉的满足。非正式沟通的场合是增强团队凝聚力的绝佳时机，团队成员们通过不同的娱乐方式交流了感情，也增进了了解。人与人之间很多误会产生于信息的不对称，一旦信息流在理解和感动中通畅流动，很多团队的摩擦也会迎刃而解。写到这里我想问问身为读者的您会给您服务的平台提供什么好的创意呢？

14 基层员工

多数基层员工都是默默无闻的,他们的工作有的很琐碎,有的很单一,有的耗时非常长,需要长期上夜班或者加班,有的服务在一线,工作环境和生活环境比较艰苦,但是他们也是平台的一分子,需要我们给他们平等的尊重和肯定。很多公司做得特别出色,比如说很多企业会为员工准备微波炉、冰箱以及加班时吃的零食和点心。比如说很多企业会为员工购买健身器材或者购买健身卡,购买各式各样的绿植美化环境、净化空气。再比如为异国他乡的员工安排定期的探亲假,让员工们能享受团圆的温暖,感受到家人的关怀。令人欣喜的是爱惜员工特别是尊重基层员工的企业和机构越来越多,而且都发展得蒸蒸日上!我想这就是企业注重基层员工的福报。令人感到些许遗憾的是有的平台还是做得不够好,多半可能是因为某个阶段对管理的忽视。管理层大多数人都是充满善意的,他们深知平台的良性发展基于每一位员工的努力和付出,只有分工不同,没有高低贵贱之分。

第13章 老总选才

  我多年来和不同公司老总合作，在这里给读者分享其中总结的经验和方法，我们一起共勉！真心期待各行各业的领导能分享更多的选才心得，可以让想加入贵平台的同仁更具体细致地了解你，又可以传播你的选人、用人之道，同时还可以分享公司的文化和远景。这是多赢的功课，何乐而不为呢？

多数老总都非常重视自己管理平台的人才引进，他们会和人力资源部详细交流人才引进的战略和规划。有的还会参与人力资源部和猎头公司的人才引进会议，详述自己平台的战略、文化、组织架构、对人才期望的详细细节，并从猎头公司那里了解所需人才在市场上的薪酬情况、流动性、人才地图等。拥有这样老总的公司大多发展都不差。众所周知人才是平台的核心资源，选才上的投资报酬率是非常高的，值得我们花更大的人力、物力、财力、心力去选择合适的人才。一代谋圣诸葛亮在《知人》一文中提出了自己的看法："一曰，问之以是非而观其志；二曰，穷之以辞辩而观其变；三曰，咨之以计谋而观其识；四曰，告之以难而观其勇；五曰，醉之以酒而观其性；六曰，临之以利而观其廉；七曰，期之以事而观其信。"值得老总们借鉴。

01 分析自我

每个老总都要在百忙之中抽出时间静下心来了解自我并分享给人力资源部，必要时可以同人力资源部为自己量身定做360度评估。这是你为平台做出的一份贡献，也是你提高自我管理能力的方法之一。光辉国际十多年来对最高管理层成员的独家评估中，体现领导力的有三个核心部分。

（1）领导风格，即高管在团队中如何表现以及想被如何看待，具体参数包括：社交力、参与力、智力和任务为主；

（2）思维方式，即高管私下如何处理事务，具体参数包括：行动为主、灵活性、复杂性、创造性。

（3）情绪控制力，即高管如何处理令人困惑、有压力或风险的工作。具体参数包括：信心、谦逊、活力、同情心、冷静、容忍歧义力。

领导可以参考这些参数分析自己，总结出核心点来分享给人力资源部，让他们根据你的风格去选择匹配度高的人才。合适的才是最好的！最好的不一定是合适的！如果老总实在没有时间做这门功课，人力资源部可以通过专业的评估方法去做，对内管理，对外选才，对企业文化的提炼和老总的风格息息相关。这门功课不可小觑。

小贴士

《哈佛商业评论》小调研

《哈佛商业评论》在2015年请读者选择对他们的主要领导的风格描述最贴切的说法，结果如下：

23%协助者（同理心、团队建设、发现人才、以教练为导向）

17%向导（战略眼光、有远见、善于管理复杂事务）

13%协调者（受质量驱动，关注执行，创造正面、稳定的环境，鼓励忠诚）

13%提供者（以行动为导向、自信、忠诚、向他人提供资源）

12%激励者（感召力、鼓舞人心、情感联系、为工作赋予意义）

9%创作者（独立、创意、解决问题、自力更生）

7%预测者（以学习为导向、知识渊博、有远见、决策谨慎）

6%制作者（关注任务、以结果为导向、直线思考者、忠于传统）

02 个人战争

硅谷资深创业者本·霍洛维茨（Ben Horowitz）用一句话总结自己的创业史："在担任CEO的八年多时间里，只有三天是顺境，剩下的八年几乎全是举步维艰。"他认为，当一个CEO最难做到的，就是对自己内心的控制。管理者最无法回避的就是"个人战争"。老总看似风光无限，却也是高压群体之一，通过系统地、科学地分析自我以后，多数老总一定能看到自己的心魔。对外降妖除魔可能很多老总都能做到收放自如、游刃有余，但是内心的战争却是一个个持久战、攻坚战。比如说极度自负，比如说疑心过重，比如说过于苛刻、狂妄自大，等等。老总们需要深刻认识到自我管理的重要性和由此产生的负面影响，建立一套自我管理的良性机制，特别是预警机制，同时建立一个利于自我管理的团队，团队里面有亲密的家人，有导师级的人物，也有敢于直言、正直坦荡的同仁。如果意识到自己在某一方面有特别的情绪障碍，可以借助专业的辅导机构来辅助自己攻克情绪管理难题。改变自己绝非易事，但是老总这一群体都是热爱挑战的群体，需要拿出改变的勇气，和自己的心魔斗争，成为高情商的管理者。

03 不拘一格

非凡的领导都是有共性的，比如说创新意识强、极度自信、精力充沛并富有竞争力。特别要强调一点，非凡的领导大多数具有慧眼识人的能力。他们不会局限于传统的面试过程，也不局限岗位说明书要求的条条框框，而更加关注候选人的价值观、创造力、情商和灵活性。以下分享几个合作客户的案例给大家。

案例一：我们曾经服务的一家知名软件公司大胆启用我们推荐的一位没有行业经验的销售总监负责他们的一项新业务，当时我们只是认为他的销售特质明显、情商高、执着并有强烈的企图心而试推了一下，客户正是认可他的特质而欣然录用。令人欣喜的是，他在新岗位上表现得非常出色，短短的一年内就打开了市场局面并且不断升职，目前已经是集团的副总裁。

案例二：我们为一家知名的集团寻求中国区的总经理，因为行业人才非常稀缺且薪酬预算也有限，搜寻同行人才让顾问团队黔驴技穷时，我们推荐了一位相关行业的候选人，情商高、事业心强、创新意识强并且有大局观是我们推荐他的核心原因。客户的高层们非常有眼光，放松了本行业人才的要求标准，果断启用这位有潜质的候选人，目前该候选人在岗位上游刃有余。

案例三：我们为一家知名金融集团寻求集团副总裁时，推荐了一位行业专家，核心原因是他的学术水平超高，对行业的分析非常精准和独到，但他的短板是并非业务管理出身，而且性格偏内向。客户的总裁和人力资源总裁眼光独到，对候选人非常赏识，诚邀加盟，客户的诚意感动了候选人，加入集团之后成了总裁的左膀右臂。

04 三顾茅庐

多数人才都是个性鲜明的，尤其是职场的高层人才，他们不会仅仅为了加薪就盲目更换平台。他们都非常谨慎，审时度势地分析公司的战略远景、股东结构、成长性、创新性、人才结构、企业文化、激励机制、人员流动性以及老总的管理风格等，对公司的方方面面有了入木三分的了解，才会做出理性和客观的抉择。很多老总碰到心仪的人才会下功夫做功课，他们对人才的重视让我欣赏不已。比如说给候选人股权激励或者给业绩突出的员工额外激励，为他量身定做薪酬绩效方案。福利方面比如为异地候选人安排就近的办公地，让候选人就在家庭所在地办公，比如说为候选人量身定做一个职位，让人尽其才发挥得更加淋漓尽致，再比如说给候选人入职激励，给候选人家人安排工作，帮助候选人安排子女入学并承担相应的费用，等等。通过各种匠心独运的设计，真心诚意地帮助和辅导候选人解决他入职的后顾之忧。如果你是这样的老总，我为你喝彩，为你鼓掌。如果需要，我愿意三顾茅庐来向您请教如何选育用留人才，这是平台发展的幸运，也是社会发展的幸运！诸葛亮之于刘备，你懂的！

05 老总思维

亲爱的老总，如果您经常对自己平台的人才引进或者人才培养不够满意，不妨听听我们人才市场一线的声音，和您分享一些多姿多彩的老总引进人才的案例，或许会有一点启发呢！

1）明星情结

明星情结是把双刃剑，用得好，可以完善自我，完善服务的企业，用得不好，可是伤己伤人！一家曾经短暂合作过的企业，企业的XX董事长就有明星情结，对引进人才的要求近乎完美，从学历背景、服务的企业、职业稳定性、形象气质、人品学识等都要求优秀，特别是企业的知名度，一定要是明星公司的明星员工。而且她深信，即便她的公司是个三线公司的平台，通过高薪挖人也肯定能吸引一线公司的明星员工。很明显，她对人才的期望值有点脱离实际，殊不知人才引进的核心是要看企业和人才的匹配度。更核心的一点是，即便是挖来了竞争对手的明星公司的明星员工，也不一定能给企业带来期望的价值。因为我们无法提供明星员工原来平台非常科学完善的支持系统和工作环境。面对明星员工挖不来、留不住的现象，她没有深刻反省公司的人才战略、人才管理的欠缺，一意孤行地还是坚持所有待招岗位都要引进明星员工。结果显而易见，一年之内更换了三位人力资源总监，第四任刚上任不久就备受指责，在公司的地位摇摇欲坠，而且千方百计挖来的候选人几乎都是试用期没过就走人了。公司的老员工听说同级别的员工的薪酬比他高很多，心理不平衡，无心工作，纷纷在外面看机会，员工的流动性越来越大。最后连猎头公司在和她的公司合作几个月后都不约而同地放弃合作。人力资源是企业的核心资源，作为企业的老总一定要管理好自己的人才期望值。

2）事无巨细

一个圈内朋友曾经提到一位事无巨细的老总，他是一家拥有几百名员工的民营企业的老总，非常敬业，基本上是全年都泡在工作上，节假日甚至过年都不休息一天。他还有一个敬业的表现是所有进入公司的员工终试都由他来做，哪怕是一位前台或者助理。公司经常因为老总的时间很难安排或者老总的一些主观判断而错失了招聘优质候选人的良机。诚然，对于初创企业的老总而言，时间管理还能应付。如果是百人以上规模的企业，这样的工作量绝对使人殚精竭虑，因为流程冗长，效率低下，加上老总不可能对所有职位的细节要求了如指掌，经常会发生降低人力资源系统效率的事件。客观分析，即便你认为这是你对人才重视的表现，也会引起负面的反馈和各种抱怨。重视人才的核心表现之一是充分授权，老总的核心之一是集权和授权的管理。老总将重心要放在制定公司战略和监督推进战略的执行上，只要对公司的战略推进的核心员工、核心人才把好关，其他的职位交给你的下属和人力资源部去选拔和管理。放心，你的充分授权就是对他们的信任，对他们的激励，他们会更加用心地选拔人才，为公司所用！

3）放任自由

针对事无巨细的另外一个极端表现是对人才管理放任自由。他认为自己日理万机，永远以财务状况制定战略或者以供应链的基础制定战略。但是我们需要明白一个简单的真理：任何战略都需要人去执行。职场的真实现状告诉我们凡是人才管理出色的企业多数发展是蒸蒸日上。比如华为、复星、奥美、GE，比如互联网行业的阿里巴巴、腾讯等。而长期疏于人力资源管理的企业造成的恶果是核心员工流失率大，公司品牌美誉度下降，在人才市场上的口碑差，业绩大幅度下滑。很多鲜活的案例就发生在我们身边，我们不妨认真观察一下！

因此老总应该把人力资源管理定位为战略级事务，营造重视人力资源管理的文化和氛围。其中三门核心的功课你需要做。

（1）招聘或者培养一位优秀的人力资源总经理；优秀的人力资源总经理是市场上的稀缺资源，需要我们慧眼识珠辨真伪，不拘一格降人才！具体来讲，人力中除了要熟稔人力资源的六大模块[①]外，最核心的是要具有商业思维。

（2）对于核心员工尤其是高管招聘要足够重视，不仅仅是结果管理，过程管理也需要足够的重视。具体来讲，过程管理需要监督招聘的过程，定期了解招聘的进展，比如定期让人力资源部汇总简历报告给自己审阅，对人力资源部提出的专业建议充分重视并及时反馈，适时调整招聘的方向和人才需求的定位，遇到难搞定的千里马，要用你的真心诚意打动他。千里马不常有！请珍惜！优秀的千里马都是有突出个性和特质的人才，需要我们给他充分的尊重和认同！

（3）和优秀的猎头公司、人力资源咨询公司结盟成为战略合作伙伴，并保持长期稳定的良性互动。猎头公司的信息量是很大的，他们在一线摸爬滚打，通过专业的沟通方法及穷尽各种渠道获得的信息和报告很多是干货，甚至对你的业务发展都有核心的推动作用，千万不可小觑。定期开猎头大会听听猎头们的声音，一线的声音最真实，最可靠，最有力！

4）高高在上

多数合作公司的老总都是平易近人的，他们会参加公司组织的猎头会

---

① 人力资源的六大模块：人力资源规划、招聘与配置、培训与开发、绩效管理、薪酬福利管理、劳动关系管理。

议，在会议上分享公司的发展战略、人才战略，对人才求贤若渴。或者在百忙之中他们会接见专业的人力资源咨询公司，并和他们促膝详谈。抑或是结交一些专业的猎头公司的负责人，定期了解人才市场的一线情况。如果您属于其中，恭喜你！你的平易近人会给你带来无穷无尽的福报！但是有一些老总永远都不会和猎头公司、咨询公司见面。他们认为我的人力资源部会处理这些事，我每天忙得天昏地暗的，何必劳我大驾去亲自见面？这可能是个别老总的心态。但是您不要忘记，我重申一下人才是企业的核心资源！需要足够重视和招聘人才渠道的沟通，千万不能忽视！为什么呢？

（1）猎头是和公司潜在的候选人频繁互动的第一位人员，让他们了解你，特别是面对面直观地了解你，能够让他们精准找到候选人如虎添翼。特别是中高管招聘中，候选人都非常关心目标公司的老总的个人风格、性格特点等细节。

（2）任何信息传递的最好的方法就是面对面的直接沟通。猎头通过人力资源员工获得的信息都是过滤过的，有的是过滤一次的信息，有的是过滤几次的信息，多多少少有偏差。你不妨花点时间和猎头面对面直接沟通，回答他们的各种疑问，让他们拿到最精准的信息去人才市场招聘。你尽可能地表现出平易近人的一面，这对你们公司雇主品牌建设也做出了贡献，同时也提升你个人的品牌！多年和候选人沟通的经验告诉我们，人才市场相信口碑胜于各种媒体宣传。

（3）你也可以借机观察了解你的人力资源部选择猎头公司的专业性。老总都是阅人无数的，通过专业的交流和沟通，你肯定能判断出你的人才服务商的专业性。这不代表你质疑你的人力资源部的专业性，而是合理的监督，合理的监督是充分必要的！

（4）作为企业家的老总多多少少都有一点传奇色彩，市场上有各种各样的声音在描绘你，候选人会听到悦耳的声音，也会听到稀奇古怪的声音或者匪夷所思的声音，等等。如果猎头告诉他是亲眼所见、亲耳所听、亲身感悟的声音，不是听人力资源部说的，不是媒体报道的，候选人本能地感觉到真实可信,而不是任凭猎头费三寸不烂之舌,你在他心里的印象还是大打折扣。

(5)被老总接见,被老总重视对猎头公司、人力资源咨询公司来说是一份礼物,一份尊重的礼物,一份关心的礼物,一份认可的礼物。多数猎头公司或者人力资源咨询公司的平台都没有合作的甲方企业平台大,有的相差悬殊。你送的这份礼物他们会心怀感激地收下,把收下礼物的心情用心传递给同仁,传递给候选人,传递给身边的人。其中或许就有你潜在的客户、潜在的合作方、潜在的心仪候选人呢!亲爱的老总们,这么多赢的事何乐不为呢?

5)眼花缭乱

面临太多选择的结果经常是无从选择。由于猎头会邀约各种潜在的候选人来面试,面对候选人时,偶尔有老总会挑花眼。心态具体表现在要永无止境地选择,总认为还有更好的、更合适的,最后错过最合适的候选人。人才引进是需要天时、地利、人和的。合适的时间遇到合适的人就要趁热打铁引进人才,时机稍纵即逝绝不是危言耸听。

我们回顾失败的案例经常是客户在千挑万选后犹豫不决,等回过头来和候选人沟通发现时过境迁。有的是候选人被其他竞争对手看中先下手为强,有的是候选人原公司提供了候选人新的发展机会或者候选人得到了升职加薪和其他福利,有的是候选人家庭情况发生了变化,对跳槽有了新的诉求和想法。曾经我的一位客户一时犯了犹豫的毛病错失了一位合适的高管候选人,再回头时候选人去了竞争对手公司,当年就把他们几个区域的市场打得落花流水,为此老总后悔不已!商场就是战场,不是同盟就有可能是劲敌!另外一个案例是,一位客户心仪的高管候选人在客户迟迟未做决定期间,遇到了一位和他志同道合的合伙人,最终决定一起创业,等客户下定决心邀约时他们创业的项目已经开展得如火如荼,不可能半路退出,只能遗憾地选择放弃!客观地讲,人的心理状态是千变万化的,跳槽动机的产生有时是必然的,有时是突发事件或者其他偶然的因素点燃的,所以作为老总的您遇到合适的人才就要适时表明心迹，合适的就是最好的！

6）独断专行

面试因为过程短暂，经常会有主观性，比如光环效应、先入为主、老乡情结等。所以团队面试、团队决策是帮助老总选择最合适的候选人的一剂良方，尤其是中高管招聘。遗憾的是，人才市场上总会听到一些不和谐的声音，某老总所有的职位他一个人说了算，其他人的建议都不听。或者某老总只喜欢用哪个公司的，只要是哪个公司的成功率就比较高，等等。亚里士多德是团队智慧的最早支持者之一，他在著作里写道："许多人参与协商时，每人都能贡献好想法和道德方面的提醒。每人认同的观点各不相同，但如果把所有人认同的观点加起来，就相当于团队接纳了所有优点。"信息汇集是关键所在：不同的人关注不同部分，如果将所有部分适当叠加，团队就会比任何人拥有更多知识，也更具有智慧。

因此，我们需要多采用团队面试、团队决策的方法来甄选合适的候选人，需要提醒三点。

（1）决策讨论会时不要表现过于强势，为后面团队成员畅所欲言留出时间和空间。事实上，多数人因为瀑布效应[①]而造成团队决策失误。人们碍于权力的威严或者从众心理而选择顺从和附和，最终团队决策成了老总的一言堂！因此，老总先集思广益、广纳言路，鼓励开诚布公，鼓励批判性思维，鼓励团队有不同声音，最后再说自己的想法，或者都等到最后再说！

（2）有一个简单的方法可以分享，有些职位比较敏感，或者面临团队讨论时的集体沉默，可以采用不记名投票的方式获得团队决策的结果，这样可以避免团队成员受到团队压力的影响，也可以让团队成员分别提交分析报告，书面汇报他们认可的候选人并详尽陈诉充分理由。

（3）对于采用团队面试、团队决策的方法而获得最终候选人而言，

[①] 瀑布效应，即人类大脑似乎天生具有趋同效应和模仿他人的本能。毫不夸张地说，聚群是人类最本质的行为之一。在涉及团队决策和信息流时，社会学家喜欢用"倾斜"一词，形容方向一致的涓涓细流汇聚成洪流的瀑布效应。

也营造了一个顺利就职的平和局面，比老总擅自聘用一位候选人空降公司安全多了。所以即便你的心理已经认为某位候选人非他莫属了，也要走一个团队面试、团队决策的流程，为你心仪的新人铺一条安全空降的跑道！这时团队如果出现不同的声音，比如对他的质疑或者某些方面的不认可，你也可以再静心客观分析和思考，看看是否是自己疏忽了一些关键点，这为你聘用新人设了最后一道安全防线！及时认识和纠正自己的失误是老总情商高超的表现之一。

第14章 / 29招助你职业常青

身在职场,难免会遇到经济萧条,行业不景气或公司裁员。如何在这些动荡中使自己不受局势影响,屹立不倒?以下29招帮助你职业常青。

01 健康第一

健康的身心是你人生规划的圆心。打造一个健康的体魄是我们每个人终身必做的功课，也是长期健康发展必修的学分。这个看似显而易见的道理经常会被很多职场人士忽视。我们总是有很多借口，比如说"太忙了""太累了"，再比如说"我现在把全部的精力放在工作上是为了将来长久的陪伴"等，占用本该属于锻炼的时间、休息的时间、放松的时间、情感沟通的时间、亲子时光、陪伴父母的时间等。殊不知每个人的能量是有限的，当你长时间透支你的能量去实现你的职场抱负的时候，其他的危机会在不经意的时刻浮到水面，从而影响职场的发展。如何做到身心健康呢？这个课题和职场息息相关，所以我会尽我所能去和读者探讨分享——

1）享受锻炼

选择自己喜欢的、有兴趣的锻炼项目，定期定量地锻炼。要把健身当作一件快乐的事、一件享受的事去体验。为什么呢？任何企业的发展都需要正确的战略来引导，人生也一样。健康的身体是需要纳入我们的人生战略的，这一点毋庸置疑。健身的方式多种多样，不用担心自己一样都不擅长，可以不断学习，不断尝试。一个有趣的做法是给自己设立一个健身基金，或者从最简单的跑步和快走做起！健身不但可以保持你的能量，最重要的是健身可以创造新能量——向上的能量、乐观的能量、抗压的能量、放松的能量、青春的能量……创造出一个全新的小宇宙！关键点要记住：坚持！现在健身的APP层出不穷，可以组织身边的同事成立一个健身小组，既增强体质，又增进感情，多美的事！或者在家庭这个社会小单元里面营造健身的氛围，让家庭成员一起动起来，互相监督，互相促进，爱的暖流会在全家成员之间静静流淌，越来越温暖，越来越有力量！

2）定期休息

职场上确实有不少工作狂让人心疼不已，其中包括企业的老总和中高管。他们废寝忘食，夜以继日，总是被无尽的工作、无尽的应酬、无尽的谈判、无尽的商机、无尽的会议、无尽的期望等绑架，很少有时间真正休息一下、放松一下，直到有一天身体发出强烈的抗议时才开始醒悟。定期休息是工作狂的一剂良药。自己主动或者让自己亲近的同事、朋友给自己定一个休息表，具体到规律地饮食、喝水、睡觉、生活，食用健康的食品和水，每天吃点水果、坚果，定期体检，定期接近大自然，离开电脑走动走动，看看远方。一定要养成定期休息的习惯，尤其是企业的管理层，你的健康不仅仅对个人很重要，同时也是企业生物链核心的一部分。要将定期休息安排到日常工作当中，同时影响周围的同事、朋友和家人，这是对自己，对企业、对家人、对亲朋好友的一份小爱，是工作的一点日常小保养品，一点实用的小润滑剂，可以让你更从容、更优雅、更高效、更持久地在职场游刃有余。

3）诗意放松

任何时候都需要放松，诗意放松是职场生活的一种境界，也是生活的一种境界。看看身边的同仁们，越优秀越放松，越放松越有机会发展自我。放松是一种能力，需要我们快乐地去培养、去体悟。

不能放松下来的具体表现不局限于很多紧张的表象，还有很多深层的表现。比如说整日忙忙碌碌，效率却非常低；比如总是希望处于一种忙碌的状态，闲下来就莫名的发慌；再比如说休息的时候总是思考工作的事情，心不在焉；比如说经常因为小事发狂，沟通不顺畅，乱发脾气；比如说无法预留出时间做点自己喜欢的事情，等等。反省自己不能放松的原因是不是把在乎的东西握得越来越多，握得越来越紧？在乎得越多，越难放松！今天我们不妨尝试寻找童年的那颗初心，那颗因为一只飞舞的小蜻蜓、一颗甜蜜的糖果、一块巧克力、一个妈妈拥抱就开怀大笑的初心。静静地坐在窗前，什么也不做，什么也不想，放空自己。或许放松的心灵就开始慢慢打开，散发出淡淡的清香和温暖的光芒。放松其实挺简单，只是简单的事情需要重复做！每天给自己预留一个小时出来做自己发自内心喜欢做的事情，可以听听喜欢的音乐，可以做做家人喜欢吃的小食品，可以去看看话剧演出，听听女主角如何荡气回肠地诉说她的人生。工作仅仅是生活的一部分，是让我们的生活更美好的一部分。

我们要做到的是让工作为我们的人生战略加分，提升我们生活的正能量，而不是成为工作的奴隶和机器。在我看来，生活的美在于生活的图案总让我们充满遐想，充满创造力！

4）轻重缓急

生活在信息泛滥、信息碎片化的时代，信息平台越来越先进，既给我们带来了便利，也给我们带来了很多意想不到的影响。我们经常发觉很多职场人士会同时开着会，看着电脑，时不时看看手机，一心多用成为常态。我们总是感觉有无数的邮件需要立刻回复，我们总是认为有很多迫在眉睫的事情需要处理，我们总是感觉分身无术，注意力不断转移！这是时间管理的课题，这里需要规划的是短期时间投入的管理和长期时间投入的管理，单位时间内做太多的工作只会降低工作效率，消耗自己和周围同仁的能量。不信你回忆一下过往，是不是会有同时做太多事情后发觉每一件事情都没做好的挫败感呢？尽可能地简化工作的数量，完善工作的流程。科学系统地分析工作的轻重缓急，培养自己创造性思考的行为习惯，同时预留固定的时间和精力去做一项必修课，课程的核心是服务于你对自己长期发展的战略规划。你的时间和精力是你的核心资源，长期战略规划的重点在于投资什么、如何投资、如何将你的核心资源投资最大化。

5）温和放慢

快一点！再快一点！我要更快一点！在我们工作、生活的时候我们经常会主动或者被动地处在一种追求更快的状态！更快速地思考，更快速地行动，更快速地完成任务，更快速地追逐下一个目标！

当我们沉浸在快的快感中不可自拔时，也渐渐发觉快并不意味着好！更快速的思考缺乏深度，更快速的行动缺乏系统化、科学化，造成效率低下，更快速的完成目标任务造成身心超负荷地运转，团队疲惫不堪，结果像是匆匆盖好的房子，经不起一点风吹雨打。在想更快的时刻，在意识到自己跑得更快的时刻，强迫自己慢下来！学会放慢脚步，学会急刹车！有同仁问道："如果我意识不到怎么办？"你可以试试留心身体是不是经常感觉疲惫不堪？是不是经常觉得自己做了很多工作之后还是有堆积如山的工作在等你处理？是不是会在深夜或者黎明从恶梦中惊醒？是不是很久都没有舒展、快乐的笑容？是不是案头杂乱不堪？是不是很久很久没有和家人谈谈心、度度假？是不是频繁感觉不堪重负，越来越急躁，越来越缺乏耐心？慢下来，慢慢地慢下来！放慢是一首温馨的妈妈儿时的清唱，是一幅恬淡的田园风吹稻花香，是冬日里一束温暖的阳光，是《疯狂动物城》里闪电的一句问候。把工作节奏放慢，把生活节奏放慢，或许走得慢了点，但走得更顺畅，更从容，更淡定！具体地来讲，可以多进行任务分解，充分地运用好集权和授权，学会适时地说不，在自己工作状态欠佳的时刻彻底离开电脑、离开办公桌，到处走动走动，去户外吸吸氧，或者和同事喝杯咖啡、谈谈心。静静地慢下来！人生是一场长跑，需要时时刻刻都充满能量，恰如其分地慢下来是美丽的续能之旅！

慢下来的小招：

① 每天睡前给自己几分钟时间，思考第二天工作的重点，提炼出3~5项重要紧急的事情，记录在笔记本里面。

② 每天规定一个时间统一回复邮件。

③ 每天留出固定的时间和亲密的家人、朋友沟通交流，学会感受情感

的温暖。

④每天接触一下大自然，偶尔抬头看看天空、云彩，也留意一下路边的一棵小草或一朵无名的花。自然是最美的！学会感受自然的温暖。

⑤主动关心身边的同仁，不要总沉浸在自己的世界里，当你释放关心和爱的能量，你也会感受到"授人玫瑰，手有余香"的芬芳。

⑥学习瑜伽、太极、书法等可以让自己的心灵慢下来、让自己身心愉快的运动和生活方式。

⑦不要把时间切割得过于碎片化。一年的工作以月做规划，一个月以周做规划，一天至少以两个小时以上的时间去规划比较合适。

⑧每天尝试用笔写日记，书写的过程本身就是放慢心灵的过程。

⑨每天尝试新事物、新的通勤路线、新的沟通方法、新的工作方式等，避免沉浸在循规蹈矩的小世界。

小贴士

美国《华盛顿邮报》评选出的最新世界排名前十位的奢侈品：

1. 生命的觉醒开悟；
2. 一颗自由、喜悦、爱的心；
3. 背包走天下的气魄；
4. 经常回归大自然；
5. 安稳平和的睡眠；
6. 享受属于自己空间与时间的生活；
7. 牵手一个彼此深爱的灵魂伴侣；
8. 若干任何时候都懂你的知心好友；
9. 身体内外的健康、内心深处的喜悦、物质的富足和精神的充实；
10. 点燃他人希望的精神特质。

02 听从内心

如果你内心明显感觉到选择这份工作不能长期（至少三年以上）给你带来兴奋感和满足感，你一定要果断放弃。人在职场最可怕的就是自欺欺人。选择了不适宜工作的朋友在职场上不是少数。为了家人期盼的目光，为了看似光鲜的、体面的福利待遇，为了获得更多的安全感，为了和同龄人攀比，为了大众眼里的社会地位等选择了毫无兴奋感和满足感的工作，每天麻木地工作，麻木地让自己适应工作。慢慢地，在你的眼里，工作会变得越来越乏味，你的性格、工作习惯、为人处世的风格都会受到负面的影响。长此以往你可能会固化，会定型，会越来越不自信，这样的状态很难保证你未来在职场的轨道上能够健康快速成长！错误的选择有可能浪费你几年的青春，也有可能影响你一生的职业发展，这绝不是危言耸听！**我们应该很感谢时代赋予我们多元化的选择机会，需要做的最重要的选择就是遵从自己的内心，去选择能点亮我们内心的心灯，让激情燃烧的火焰助我们越来越快乐地前进，越来越兴奋地前进，越来越满足地前进！**看看职场上优秀的管理者，优秀的各行各业的精英们，他们都是早早选择了能激发他们极大热情的行业，尽情地投入，尽情地享受，尽情地贡献，在与自己相得益彰的舞台里面发挥得游刃有余！再看看最近热映的《疯狂动物城》里面那只可爱的兔子Judy选择了能带来极大兴奋和满足感的工作——警察，工作超级积极向上，激发了无穷无尽的创造力，为团队做出了超出寻常的贡献！甚至还获得了狐狸Nick的支持和帮助！所以我们不能只看当下，只看今天，需要放眼三年、五年的长线去看选择的价值。尤其是初入职场几年的选择可能会影响你一生的视野、格局、技能、思维方式、人际关系和成就。年龄越大试错成本越高，到三十岁以后的选择就要越来越慎重，越来越倾向于选择和自己相关行业、相关经验的领域，本质是你的发展会越来越受限于过往的经验和背景或者说你身上贴的标签！职场的现实在于大多数雇主方会选择有相关工作经验背景的雇员，这是企业出于控制风险和控制成本的考量。因此，宁可前期选择的功课做足，付出大量的时间和精力去寻觅真实的一手资料，聆听最真实的声音，找出所有利于你客观决策的真相以供你内心参考，正确地、深入地思考。选择的周期无妨延长一点，这样不会为了错误的选择付出昂贵的代价！青春很长也很短，青春无悔的践行不是盲目地向前奔跑，而是选择正确的跑道！

03 跑道环境

尽可能地选择能培养你各项技能即综合能力的平台而不是只让你一天到晚单一跑步的地方。年轻代表着最旺盛的精力，最强的学习能力，最野心勃勃的动力。这段时光需要特别珍惜，需要惜时如金地规划。我们首先要规划你选择的环境。当你预判或者当你发觉企业只是把你当作单一技能的熟练工来培养或者说就当你是个某项工作的熟手来用时，你需要警惕，需要审时度势地判断企业是否值得你长久地托付青春。优秀的职场人士不仅仅要培养自己的深度，还需要培养自己的广度。简而言之，就是不但要精通跑步的技能，还需要学会驰骋在运动竞技场的综合能力。

如何发现企业是否真的爱你，真心培养你呢？首先要做到三多。

（1）多咨询在跑道上跑着的前辈和同仁，听听他们的声音。他们在职场的喜怒哀乐很多来源于职业满意度。听听他们的建议，听听他们的抱怨，听听他们的故事。

（2）多多观察。观察企业培养员工的具体动作。这里有两个途径：一个从业务线观察，一个从人力线观察。业务线方面，重点观察你的直线老板是否真心诚意在培养你。（这个课题我会在后面单独讨论，这是个非常重要的课题。）人力线是为了完成企业的培养任务而敷衍了事，还是利用他们的专业知识和技能为企业搭建了实操性强、可落地的、与时俱进的、完整的培训体系,是否为员工量身打造了可持续发展的培训计划并高效执行。具体表现在公司在培训方面的人财物的投入,比如是否定期有培训(例如外训和内训),培训的效果如何?是否会有轮岗和外派的工作机会(海外工作经历可以开阔视野,提升个人综合价值),是否有自己的企业大学,是否有自己的培训学院,行业的口碑如何?特别指出一点,为什么五百强企业招聘如此严格还是让很多人争先恐后应聘?在我看来,良好的人才培养机制是很多五百强企业鹤立鸡群的原因之一。我们清楚地看到世界五百强的企业多数在培训上做得非常专业、非常细致、非常人性化。宝洁在很长一段时间被公认为快消行业人才培养的黄埔军校。BAT的精英们也是互联网人才市场的香饽饽。跑道的环境当然还包括跑道的质量、跑道所处的位置、能在跑道上共享的一切资源和需要面对的观众,等等。

(3)多多思考。思考自己是否真的下决心跑步,还是去游泳、去踢球,去做别的更加让你热血沸腾的运动。如果下决心跑步了,自己跑步的目标在哪里?是一定要跑第一名,还是通过跑步提高自己的体能、协调能力、爆发力等各项综合能力去挑战更高更远的目标?自己是否适合一直当个跑步的运动员,还是更适合当教练?当跑步的教练,还是当更大更广的运动竞技场的教练?

04 明星教练

选择好的教练和选择好的跑道同样重要,有时好的教练比跑道本身更重要。如果选择对了直线老板,那将是职场人生的一大幸事。

由于职业的关系,多年来我有幸和大量优秀的企业中高管互动和交流,从他们言谈举止散发出的气场,从他们和我分享的故事和他们对下属培养的心得中我收获良多，他们身上有很多共性，在我看来这些共性正是他们在职场上叱咤风云、所向披靡，成为明星教练，同时让他们的下属心服口服、无怨无悔追随他们的秘诀。

（1）他们无一例外都是人品正直并拥有人格魅力。他们总是将公司的利益置于个人利益之上。人品是最宝贵的财富，也是一个成年人比较固化的人格结构。所以选择老板一定要选择人品正直的，这样你会规避很多潜在的职业风险和麻烦。可以从几个细节观察。

首先，看看他的眼睛。如果他眼神清澈、目光坚定、炯炯有神，多半人品不错。

其次，听听他的口碑。口碑是很难做假的，一两个人对他评价褒贬不一可以理解，如果大多数人对他的人品的评价都比较负面，这就需要你细细考量是否要加盟他的团队。

最后，你可以和他敞开心扉交流，告诉他你对自己现在和未来的期望，你的职业目标。听听他对你的规划，是单一地为补齐他团队里面缺的一个棋子，还是会很周密地和你一起规划你的现在、你的未来！

（2）他们都有一颗强烈的事业心或者说成就一番事业的野心。我们都知道"求其上得其中，求其中得其下"。如果你的老板不断地追求卓越，不断地向上生长，不断地挑战更难、更高、更快时，和他共事的时光里就可能有很多机会让你和他共同成长，因为明智的老板都知道他的成长依赖于他整个团队的成长。

（3）他们都异曲同工地乐于分享、乐于辅导下属。如果你的直线老板只是在季度或者年度考核和你例行沟通，平时很少正式或者非正式地和你交流他对你的评价，或者很少给你建议和辅导，那么他可能对你不是很在意。谁都不愿意被当成空气，所以你应该知道下一步该怎么做。

好老板乐于分享、乐于辅导下属。

首先，他不仅仅关注你当下或者短期产生的工作成果，还关心你长期的职业发展规划，如何通过他有效的辅导让你实现个人综合能力的提升。

其次，他不会总是让你处在温水中。显而易见，青蛙长期处在温水中就失去了斗志。他们会经常给你挑战性的任务让你去完成，委以重任是老板对你的信任。"过程就是奖励"是乔布斯的名言，也是职场很多领导通用的法则。其实你可以清楚地知道完成挑战性任务的同时你的综合能力会得到快速的提升。

最后，他会在你或同仁遇到困难的时刻挺身而出。他永远不会让团队成员独自面对困境，好老板会殚精竭虑地出谋划策，调配各种资源，发挥他的聪明才智来帮助团队、辅导团队，全力帮助团队渡过危机四伏或者错综复杂的难关。

（4）核心共性是他们都拥有一颗强烈的责任心。比如对社会的责任，对公司的责任，对产品的责任，对团队的责任。中高管点点滴滴的表现都会被员工用放大镜在看，有没有责任心相处一段时间从很多细节都可以轻而易举地观察到。特别提到一点就是，好老板对团队的责任核心表现在于勇于担当。类似案例就是他不会拿团队的同仁当替罪羊，为他自己开脱责任，而是自始至终以行动告诉团队他是第一责任人，他会对工作成果的底线负责。总而言之，老板的以身作则会潜移默化地影响团队的风格。当你无法快速明确地判断老板的风格时，你可以观察了解他的团队，如果他们在谈到老板时都闪烁其词或者言不由衷，那就需要打问号。一般来讲，人们对自己的老板的评价都是正面的，但团队成员肯定老板的语言行为都不愿表达，可见老板在团队成员心里的位置，同时也可见团队在老板心里的位置。如果团队大多数成员都发自内心地肯定他们的老板，并乐于分享很多关于老板的正面八卦，那么这可能是一个信号，就是可能遇到了好老板的信号。但是你可别忘啦，好老板只欣赏好员工，当你感觉遇到好老板时，你不妨问问自己，是否有足够的自信让老板一见钟情。或者说你是否对成为跑步健将胸有成竹并让教练一见倾心。

05 轻装上阵

跑步时背着厚重的包袱只会让你举步维艰。学会丢掉那些只会给我们带来负能量的包袱，每一天都要用归零的心态去跑步、去生活，我们会越跑越轻快，越跑越自然！客观地讲，每个人或多或少都有背负的东西，父母和家人的殷切的期望、现实生活的急迫改善和各种对快速成长如饥似渴的渴求等，都是非常正常的诉求，先学会理解自己，理解自己所有关乎向上生长的任何心态。你要经常在夜深人静的时候对自己内心那个渴望的声音说：我懂你！理解自己是迈开大步向前跑的第一步。

第二步怎么跑呢？先分享一句我个人喜爱的一句话——如果你有鸭梨（压力），把它放进冰箱里，它就会变成冻梨（动力）。对！化压力为动力！我们都知道，但我们很多人做得都不够好。这个课题也经常困扰我，现在我把自己多年的工作经验和总结的一些心得分享给大家，我的观点就是一心一意向一个小目标跑步！所有的资源、时间、精力在一个阶段都聚焦在一个点上！我长年负责企业高管的人力资源咨询，每个案子都非常有挑战性，经常因担心辜负客户的信任殚精竭虑。慢慢地发觉越是紧张，越是在乎得失，越是效率低下。

我就自创了一个小方法——圆心法。圆心就是一个阶段最紧急和最重要的一件事，所有画圆的工作过程都必须服务圆心。可以利用不同的组合画圆，也可以利用不同的工具画圆，还可以利用不同的资源画圆。总之，以圆心为核心倾注全力地画，专心致志地画，心无旁骛地画。强迫自己和团队一个阶段就围绕圆心这一件事情全心全意投入，任何不是为圆心服务的工作都必须放置一边。只要你的圆心是善意的，是正向的，所有的正能量都会从四面八方涌来，你每天都活在一点点接近圆心的希望里，活在不断努力画圆的快乐里，你一定会实现目标。

经常听到华为的朋友们和我分享他们的老板任正非的一段话，在我看来非常值得我们大家借鉴，任总说："水和空气是世界上最温柔的东西，因此人们常常赞美水性、轻风。但大家又都知道，同样是温柔的东西，火箭是空气推动的，火箭的燃料燃烧后产生的高速气体，通过一个叫拉法尔喷管的小孔扩散出来的气流，产生巨大的推力，可以把人类推向宇宙。像美人一样的水，一旦在高压下从一个小孔中喷出来，就可以用于切割钢板。可见力出一孔，其威力之大。十五万人的能量如果在一个单孔里去努力，大家的利益都在这个单孔里去获取。如果华为能坚持'力出一孔，利出一孔'，下一个倒下的就不会是华为！"相信"力出一孔，利出一孔"的力量，轻装上阵，丢掉一切物质上和精神上的包袱和自我设定的枷锁，一心一意地向前跑，你会跑得越来越有力量！你会跑得让队友刮目相看！

06 跑道队友

"不怕神一样的对手，就怕猪一样的队友！"跑道再好，教练再优秀，如果你的队友都安于现状、不思进取，可能会成为你跑步前进的绊脚石。或许有人会提出质疑："队友的优劣真的关乎个人的成长吗？队友都差，我和他们竞争起来易如反掌，提升的机会就多了！"我要告诉你未必如此！别太想当然了！平庸的队友会轻易让你得逞吗？他们就不会在你跑步的过程中使用小伎俩，让你冷不丁摔个大跟头？如果优胜劣汰的机制在队友里面良性循环，他们为什么还一如既往表现平平？平庸的队友不能同化你，必然排挤你！跑步需要充满正能量的气场，需要持之以恒地给自己补充正能量。你的队友们如果都是不求上进的人群，他们会不断制造负能量，只要你不离开跑道，你就一直会受负能量影响，变得越来越消极，越来越被动，越来越像他们！有时你自己都会惊讶自己怎么就堕落到躺在跑道睡大觉的地步！环境的力量是无穷的！如果队友们都是有激情、有信心、有目标地在跑道上快乐地跑着，你也会近朱者赤，见贤思齐，快乐地融入团队里和他们肩并肩、手拉手一起向着充满阳光的地方跑去！

要改变一个生态环境不仅需要割腕断臂的魄力和运筹帷幄的大智慧，同时还需要天时、地利、人和！因此，如果你不幸身在负能量的环境中，你可以认真考虑是否适时离开，如果你幸运地没有加入这个负能量的跑道，那么你要保护自己慧眼识珠的眼光继续寻找适合自己的跑道、适合自己的队友！同时你可以从队友们的整体水平反观教练的管理水平，也就是教练的领导力。名师出高徒，反之亦然，需要提醒的是教练很强、队友很弱的情况虽然较少，但也是客观存在的。其一就是跑道需要变革时期。跑道的战略层会空降一些高级教练到旧跑道上，高级教练也需要引进一些新鲜血液来协助他们。这种情况你要预判的是组织变革成功率，核心取决于教练超强的综合能力和组织要变革的坚定决心。组织变革是一个系统工程，单靠几个教练的付出非常有限，旧队友们的力量和旧跑道的环境力量不可小觑。还有一种情况是教练个人能力确实比较强，但是他的团队就是很普通，这个细节可以窥视到教练的一个管理细节，不擅于分享或者不乐于分享。如果辅导队友在他眼里不是核心功课，那你一定要慎重地考量是否要追随他！不要迷信教练的光环，所谓的光环多半都是他自己的，和你关系不大。

如何判断队友的优劣呢？在没有进入跑道之前可以通过大量的访谈，对熟悉跑道的人群真诚地访谈，收集各种关于跑道的信息和资料来深入细致分析。口碑很重要，多多关注非正式沟通的场合的对话，多多关注曾经在跑道上跑过的人群对队友们的评价。倘若你已经身在跑道之中，每天和队友一起跑步，朝夕相处三个月以上你就可以看出一些端倪。在你需要帮助的时候，他们是伸出援助之手，还是袖手旁观看热闹？他们整日忙在如何跑步、如何完善跑道上，还是整日无所事事？是在和教练保持良性的互动，还是整日溜须拍马阿谀奉承？这些细节都是你选择共处还是选择离开的信号。总之，和什么样的人在一起，你就有可能成为什么样的人，这是大概率事件。我们要做到的是，一边不断完善提升自己的综合能力，一边谨慎客观地选择队友。

07 擅长or喜欢

我们经常会在做自己擅长的事还是做自己喜欢的事之间徘徊。擅长的不是真心喜欢的，而是当时懵懵懂懂、不谙世事听从父母的选择或者就是一个机缘的误打误撞。喜欢的又不是很擅长，需要时间、金钱的投入才有可能提高，现实的情况是无法立刻满足。心里每每想到喜欢的就会热血澎湃。如果你兼而有之，那真是太幸运了！你要做的就是如何让自己的光芒越来越闪亮！

如果你纠结在擅长和喜欢之间无从选择的话，我可以负责任地告诉你，擅长和喜欢看似有距离，其实都是辩证统一的。用心经营一座彩虹桥，擅长和喜欢融合在一起很简单，很自然！

（1）永远不要放弃自己擅长的，尽可能地发挥你的优势，尽可能地让自己的优势更强更大！优势是稳操胜券握在手里的王牌，是你不断超越的源泉。优势可以让你左右逢源、得心应手、事半功倍。在我看来，天赋是很难被取代、被超越的！相信这个世界创造独一无二的自己一定是有特别意义的！

（2）你要明白任何领域没有绝对的鸿沟，真正的鸿沟是你自己禁锢的思想。你热衷艺术却还是在职场上循规蹈矩地工作。没关系！竭尽全力多维度尝试，让艺术商业化，或者商业艺术化；跨界是一种时尚，一种态度，更是一种高超的创新，创新是永无止境的！

（3）学会面对现实，不要自欺欺人。通过自己对现实审时度势的判断，先谋生再求发展，脚踏实地走好每一步。如果你养活自己的本钱只能通过你擅长的技能去换取，你可以利用所有业余时间去培养你的爱好。一边享受爱好带来的快乐和满足感，一边从爱好里面发现商机，发现将爱好融入生活每一天的灵感和创意。看看活跃在"脱口秀"舞台上的生化博士黄西先生，他可是将爱好玩得越来越认真，越来越精彩了！

（4）你要深度剖析你所喜欢的是否是深爱的。一时新鲜的、好奇的都不会长久，就如变幻莫测的思绪虚无缥缈，无法系统化、常规化、长远规划。深爱一定是可以产生心与心的长久的共鸣的。和你喜欢的进行一次灵魂的对话，问问自己：我是否能一直深爱她？

08 我去何方

可能许多同仁都会问自己这个问题吧？最多的纠结和犹豫可能是回家乡还是去北上广深这样的一线城市发展。

众所周知，家乡的生活虽然有点墨守成规、发展受限但是相对安逸，人脉资源比较丰富，生活成本和求职成本都不会太高，同时可以就近照顾父母家人。而留在北上广深则是全力打拼的开始。伴随着高昂的生活成本的同时也享受各种丰富的医疗、教育、娱乐、文化等资源。身在其中可以丰富自己的阅历，提升自己的视野和格局，各式各样的就业机会和创业机会让自己更加遵从自己的内心，也更能得到全面的发展，上升空间也比较大。两种生活方式的选择没有对和错，更多来自于你内心的价值观取向和基于现实的全盘考量。

需要提醒三点。

（1）记住有得必有失，不要害怕失去。因为每一段人生的经历都可以看成是生活赋予你的财富。

（2）你要考虑的不是你个人的小圆，而是你对将来成家立业诸如爱情、事业、家庭规划的大圆。大小城市的发展也可以分阶段考虑，比如说可以先在大城市打拼一段时间，从各方面提升自己，再考虑是否回家乡或者到更适合自己的地方发展。再比如可以先尝试在家乡先工作一段时间，看看自己是否真的能适应、能喜欢家乡的工作环境。

（3）生活需要平衡，不要因为工作繁忙、物质基础有限就做爱情的绝缘体。什么年龄就去做什么事情，不要画地为牢。等你什么都有的时候才开始寻觅或许物质上很从容，但是生理和心理上都没有最好的、最适合的状态应对。

（4）亲情是最重要的。情感的投入需要时间和精力，所以不要总是做个工作狂，腾出时间陪陪父母，陪陪家人，陪陪你的宝宝。父母需要呵护，伴侣的感情需要保鲜和经营，宝宝的健康成长需要父母亲自陪伴、关心和教育。家庭是你的温馨港湾，千万不要疏忽日常点点滴滴的付出，因为这是舍本取末。

09 钱很重要

不管你是谁，不管你在什么位置，你都不要轻看一分钱！特别是很多同仁会忽视薪酬谈判。记住：通常任何薪酬的设计都有区间，越高的职位区间越大。如果在薪酬谈判上对雇主听之任之，没有任何的合理诉求和沟通，其结果很可能是薪酬不完全符合你的真实能力和水平，给你在职场上造成很多被动。

被动的具体表现之一是：入职以后你的薪酬很难得到大幅度的增长，大多数薪酬的涨幅是参考你的基本薪酬的，基薪低的话，涨幅再大对你来讲都是杯水车薪；除非你的表现特别特别出色，才有可能力挽狂澜。

被动的具体表现之二是：当你准备跳槽到下一家时会给你谈判薪酬

带来障碍。薪酬在职场上是衡量一个人能力的核心指标之一。你的薪酬低会引起雇主对你能力的质疑或者会给雇主一个压低你薪酬的很合理的理由。

被动的具体表现之三是：你毫不犹豫地接受了雇主给你的低薪，雇主可能会认为你对自己的能力不够自信，或者认为你就是个软柿子可以随意宰割。再或者认为你就是随遇而安的心态，企图心、上进心和谈判能力都不够充分，很难让你担当重任。

被动的具体表现之四是：当你有一天发现你的薪资低于行业水平时，你的心态会发生变化，不平衡，感觉自己被忽视等消极心态会野蛮生长，带着这些负能量工作会造成效率低下、错误百出等不良后果。

如何化被动为主动呢？知己知彼，百战百胜。要对雇主和自身进行全面的SWOT分析，充分了解你应聘岗位的价值，包括它的内涵和外延。不仅仅只是薪酬一个指标，同时你要深刻分析自己对该岗位的价值，发现哪些附加值可以成为你薪酬谈判的有利因素。东方人相对含蓄，很多人总觉得赤裸裸地谈薪酬有点碍于情面。试想一下，如果自己都不关心、不去重视、不去沟通和个人息息相关的合理权益，还有谁会为你操心呢？中高管可以借助猎头或者其他第三方帮助沟通协调，初入职场的同仁们需要拿出勇气和智慧来沟通，谈判能力是职场人士必备的能力之一，可以借用薪酬谈判的机会培养和锻炼自己的谈判能力。

10 钱不重要

钱是很重要的，但是钱不是最重要的，投资职业发展才是王道。身在职场除了日常的开销外，我们应该想方设法利用一切资源投资自己。投资自己的人脉，投资自己的专业，投资自己的工作设备、学习设备，投资自己的健康，投资自己的情感，包括亲情、友情、爱情等能给你带来正能量的情感。另外，还要投资自己的阅历，看世界的阅历，看书籍的阅历，看人的阅历。养成定期储蓄的习惯固然好，但是一定要拿出一部分甚至是一大部分收入最大限度地完善自己。

别成为金钱的奴隶、工作的机器，也别成为挥霍无度、花钱如流水的无知小孩。这两种生活方式都表明你的心智不够成熟。驾驭金钱的能力折射出了你的价值观。身在职场，目光不仅仅停留在你的工作表现上，还表现在你的衣食住行和你的所思所想上。你是衣着整洁还是邋遢不堪，你是垃圾食品的绝缘体还是在路边摊边吃边抱怨肚子不舒服，你是沉浸在网游还是打球、跑步、踏青、登山，你是耐心听人把话说完还是时不时打断别人，恨不得一口气倒豆子一样把话说完。这些都是选择，都是态度，都是你的价值观。别小看细节，别说无伤大雅，别说没什么大不了的，很多很多细节的汇合就成了别人眼里特别的你！让金钱成为你更美好工作、更美好生活的工具，别轻视，也别高视！不要艳羡那些富可敌国或者富甲一方的老总们，因为他们可能没有你那么多自由自在的时光；也不要瞧不起那些生活很艰难、徘徊在各种危机的人们，因为他们的生长生活环境和你大相径庭，错失了很多爱、很多关心、很多良机。各种各样的人都是各种必然和偶然造就的生命体，怀着感恩的态度去生活，优雅和智慧地运用金钱会让你的职场之路越走越宽。

11 珍惜机会

珍惜每一个面试的机会。求职是有偶然性的，因为所有的选择都基于人的判断，人的判断很难说百分之百的客观。还有各种天时、地利的因素主导，让面试的过程带了一点神秘的色彩、机遇的色彩、巧合的色彩。

在求职的过程中我们要做到的是勤于争取每一个面试的机会，勤于参与每一个面试的机会，勤于思考每一个面试机会。网络上的职位描述得再详尽也不及你亲自去见一见、面一面，互相沟通沟通。你所面对的对象大多数是企业方的人力资源部的同仁，你在和他们充分展示自己的同时也获得了一次难得的学习机会，你可以虚心请教你对该职位的任何疑问，包括企业的文化、企业发展的战略、职位的发展通道等，你也可以请他们指点你的职业规划或者帮助你推荐更适合的岗位。企业的人力资源相对业务部门对人才市场有更深更全面的了解，他们也有很多同行的人脉资源，只要他们真心认可你都会寻找机会帮你推荐。你要做到的是展示你才华的同时，尽可能发自内心地表现你的谦逊和礼貌还有你在职场上的抱负和追求卓越的野心。珍惜每一次机会的根本就是不放弃任何一个展现自己的机会。路途远一点，面试时间早一点，貌似不是自己心仪的职位也好，自己手上已经有几个offer也罢，都没关系，面试是一个难得的学习机会，你可以了解你所在行业的人才市场情况，通过面试交流获得对企业的第一感知，一手资料是最真实、最可靠的。通过这些面试经历的总结和分析你可以更加理性、更加客观、更加务实地决定你的职业选择，因为我们都知道面试是双向选择，而且选择需要慎重！

12 逃离or留下

　　留下来比逃离更需要勇气，这种勇气有时是一种明智的权衡之计。刚入职场的一些同仁经常因为一些小事就匆匆离职。比如说被领导狠狠批评了一顿，自尊心受挫。比如说进名企前感觉自己可以马上大展宏图，一个月就彻底被每天琐碎繁杂的工作击碎。再比如说那些纠结在脑海里的不公平、现实的不公平、虚幻的不公平……

第14章
29招助你职业常青

稍不如意就辞职了,反正还很年轻,拥有大把的青春、大把的时间可以潇洒。还有的同学认为有高薪爸妈在,还可以啃啃老。

发封辞职信多简单啊,几分钟就能搞定!可是你有没有想过轻易放弃会成为一种恶劣习惯,一种负面的惯性思维,一种欠缺自我反省机制的人生观。带着这样的心态走下去,会让你在职场上越走越艰难,越走越狭窄!由于长期从事人力资源行业的工作,使我有机会看到大量的简历,我发现一个可悲的现象是大部分跳槽频繁的简历都是恶性循环,一家比一家服务的时间短,有的看起来公司不错,却是走马灯一样在换。这样的候选人不管在猎头市场还是在企业的人力资源手中都基本被忽略了。

如何避免盲目逃离呢?这是同仁们在职场上必修的学分。

(1)要降低自己的期望值。特别是初入职场的同仁不管在哪行都是新手,公司不可能随随便便委以重任,至少半年或者一年的时间里你的工作都偏基础,没有什么成就感。落差越大受伤越深,**避免顾影自怜的最简单方式就是归零心态**。每一天都是全新的,先把分内的工作做好,利用所有的业余时间完善自己。

(2)做好每一件小事。细节决定成败。你必须用心做好每一小事,包括文件归档、会议记录、电话接听等。你不但训练了自己严谨的做事风格,同时会传递一种认真和敬业的工作态度,简而言之就是做事靠谱。"做事靠谱"的标签会给你带来很多意外的收获和机会。职场不仅仅是专业能力的较量,它是综合能力全方位的竞争。

(3)学会坦然接受委屈和不公。职场没有绝对的公平,你需要适时地忍耐。你的老板或者团队成员对你发脾气有时确实是他的不对,确实是他的修养不够,但是你不妨换位思考一下,老板承受的压力比你大得多,同仁们是不是身体或者家庭有点异样,或者他完美主义的情结和急性子突然爆发,等等。学会和老板愉快相处,学会和团队友善合作是职场情商高的表现。相信你的包容和耐心会被同仁们看在眼里、记在心上,等他们心平气和的时候他们会反省,会懂得你的包容和理解值得他们尊重和欣赏。你尽可表现你的大度和大气，前提是不要放弃自尊自爱的底线。越是不拘泥于无伤大雅的摩擦，你就会越来越有人缘，越来越聚人气，越来越有光芒。

（4）要学会等待。等待是一生的功课，在没有更好的选择时，匆匆辞职非常被动，也不利于职业发展。等待不是消极反抗，不是按兵不动，不是不思进取，而是学会在一段看似比较艰难的岁月里的智慧的妥协。利用等待的时光去尝试新的工作机会，去创造新的工作机会，去培养自己心仪机会所需要的核心能力，利用一切业余时间去思考，去规划，去寻觅新路径、新可能。不要害怕失败，不要害怕拒绝，同时多多借鉴他人的失败案例来减少犯同样错误的概率。等待的时光哪怕是一年或者几年也不要觉得太长。量的积累是需要时间打磨的，学会在时光里静静地、默默地打磨自己这面独特而又美丽的镜子，终有一天镜子的光芒会让机会女神登门造访。

13 多说少说

每个人的性格都有与生俱来的部分，但这并不代表一切。生活中和职场里比较有代表性的两类性格是外向型和内向型。我们分别来讨论一下如何让自己成为更好的自己。

外向型的特点之一就是乐于交际和表达。需要提醒以下两点。

（1）交际一定要避免无效和低效的社交。特别是初入职场的几年你所处的交际环境和交际人群可能会影响你一生。关于社交的话题很多专业的书籍都有详尽的论述，这里不详述。我们都明白认真阅读后持续地践行是最重要的。比如说当你发现圈子太多、各种微信群的活动让你应接不暇的时候，你首先要做的是强迫自己精简圈子，选出对你职业长期发展最有利、最实用、最高效的圈子去经营。

（2）如何因时制宜地表达。外向型大多数表达流畅、善于言辞，但是经常会犯的错误是说话比思考快,这在职场上是一个大忌。因时因地地、恰如其分地表达是职场人士必修的学分。比如什么时候该说,什么时候不该说,什么时候多说,什么时候少说,什么时候什么也不说。做到这些确非易事,需要我们不断思考总结,学习和借鉴情商高的人的表现是成长的捷径。"祸从口出"是中国的古话,也警示我们在没有考虑成熟时不要说一些冲动的、意气用事的、肤浅的、不负责任的话。尚未知道事件的全貌、事情的真相时,不要急于发表意见,可以先调查调查,先分析分析,先做做功课。培养自己"内审"的功力受益无穷。我理解的"沉默是金"的沉默是经过系统、科学的思考后的三缄其口。

再谈谈内向型的特点之一,即不乐于交际和表达。同样需要提醒两点。

(1)合理的交际是需要的,除非你原地踏步等着被淘汰,等着被忽略。我们是独立的但不能自我孤立,不能画地为牢,需要和世界连接,相信这个世界总有志同道合的同事、朋友、圈子,积极地和他们互动。内向型很多都热衷于思考和钻研,先在自己熟悉的圈子和大家分享交流,慢慢地再走进更大的圈子里学习。信息和创意获得的渠道有时不仅仅依靠大众传媒,还需要各种专业圈子、兴趣圈子里面激情碰撞、团队共创!

(2)关于如何让自己可以乐于和善于表达。技术型人才中内向型占多数,他们更习惯和机器、工具、作品对话。但如果你终日沉默寡言、不善言辞,你的性格可能会成为你上升通道上的一个绊脚石。不要拿"我的性格就是内向,很难改变了"等性格使然的谬论来做改变的挡箭牌,很难改变也必须改变!这是考验你的毅力的机会,也是你强迫自己成长的机会!很多专业书籍强调表达能力的提高需要完善两个核心点:一是对社会情境的辨析力,二是对他人心理的洞察力。一点一点开始改变,从小事做起,从开始和身边的小团队交流开始,从勇于表达自己的观点做起,从每天规定自己拿出固定时间来学习表达方法和技巧做起。一开始可能有点不情愿,有点小尴尬,有点小挫折,没事!交流的内核在于真诚。所谓的表达技巧和表达形式不用太拘泥。真诚是表达最强大的力量。只要你莫忘初衷，表达自己对团队的建议、想法和你所有关于正能量的所思所想，越来越多的正向反馈会拥抱你，温暖你！

14 多做or少做

有的时候做得越多并不代表做得越好。当年我离开校园去新加坡开始第一份工作的时候，我们的业内资深专业培训师给我们上的第一堂课反复强调的核心就是："Work Smart, Not Work Hard！"（聪明地工作，而非努力地工作！）如何聪明地工作是一门艺术，不管你是初入职场还是久经沙场都需要重点持续关注。如何聪明地工作这个课题是挺宏大的，可以用浩瀚篇幅详尽探讨，但更需要的是坐而谈不如起而行。我抛砖引玉谈几点个人的心得，希望更多的管理人分享更多更好的建议，让我们大家在职场上少走一些弯路。

（1）你要明白你的老板要什么？他最看中的核心业绩是什么？这个看似简单的命题可能需要你花相当长的时间去考量。你需要了解老板的所思所想，真实的所思所想；他说的话值得关注，他的行动和关注点更值得关注。如果你没有抓住老板的核心关注点，你做再多的工作可能都难以实现你的职场抱负。不要轻易质疑老板的战略、关注的核心点。很有可能你看到的是一个点，而他关注的是整个公司的面。有时是培育新业务发展的试错过程，有时是老板为下一个阶段实行的战略先行铺路。没有告诉你的事情并不代表不会发生，只是老板在当下需要低调保护商机。商业社会信息安全不可小觑，老板在这一点上都非常谨慎。我们要做到的是先将老板的关注的核心业绩烂熟于心。

（2）你要培养自己的老板思维。同时培养换位思考的能力，站在老板的角度看行业，看商业模式，看团队，看全球、全国经济发展大画面、行业大画面的能力。简而言之，要培养自己的商业思维，学习商业发展的规律和各项技能。良好的视野和格局是你一生的财富。站在老板的角度思考问题，甚至抢在老板前头思考问题。企业的战略发展如何顺利落地？企业未来几年可能的机遇如何能稳操胜券地把握？如何规避企业可能遇到的危机？如何跨越和克服企业可能遇到的瓶颈？企业人才培养梯队建设是否符合业务发展的需要？企业的竞争对手在做什么？哪些是我们需要效仿的？哪些是可以借鉴的？哪些是可以从资本市场、从渠道、从品牌、从区域市场上给予反击或者打击的？当你通过自我培养逐渐拥有了看大画面的能力，你在职场的野心和抱负就会越来越有可能落地，越来越有可能实现。爆料一下，"大画面"这个词来自于我非常欣赏的一位金融高管，他的人生精彩得在我眼里可以写一本书。我和他合作过很长时间，他对行业入木三分的分析让我受益良多。

（3）要关注完成老板要求核心业绩的战术。记住优化战术最关键的是要研究具体战术里面需要哪些合适的资源，同时善于利用和开发所有的资源。资源里面一定要包括老板，老板多数是制定战略，以结果为导向。你要主动让老板参与到你的项目之中，充分利用老板的个人影响力、老板身边丰富的人脉资源、老板的权利等所有老板现成的资源、可以信手拈来的资源。这些资源还包括职场里的超人，每个公司都可能藏龙卧虎，越是优秀的公司优秀的人越多。你要通过平时深入细致的观察找到最适合这个项目的超人。他们有可能在PPT制作上出神入化，有可能在财务分析上有独到的见解，有可能是个非常细致、非常敬业的助理，也有可能是供应商里面表现特别优秀的团队。你要想方设法把他们聚在你的周围，因为团队的力量是无穷无尽的，通过详尽的排列组合所形成的团队更有可能所向披靡。资源最后也包括反对的声音，你的团队里面一定要有反对声音，特别是当你感觉团队经常在思维上和行为方式上不谋而合的时候，你更需要强迫自己找几个反对的声音围绕在你周围。错误是肯定会犯的，但是我们要尽可能地降低犯错的频率和代价。经常听听反对的声音，认真对待反对的声音，可以让我们在完成战略的过程中更加高效、更加顺畅。

15 梦想or幻想

　　整天沉浸在完全不可能实现的幻想里只会作茧自缚。在家长的怀抱里，在校园的怀抱里，我们还有时间做做白日梦，身在现实的职场中不能心存任何侥幸成功、不着边际的幻想，我们要做的是既有诗和远方，又要脚踏实地走好每一步。看似简单的一句话，要做到绝非易事。

　　具体来讲，分享一些个人的心得给同仁们。

　　（1）我们要知道我们所不能。学会对自己说不，学会发觉自己的优势，规避自己的劣势，充分利用和完善自己的优势。明智的职场人士都会利用自己的比较优势全力以赴地攻破职场上的壁垒，而不是在自己不擅长或者通过长期努力还是很难提升的领域碰得头破血流。

　　（2）我们要让自己拥有一颗强大的心。职场是商业活动的领域，职场如战场。和风细雨有，血雨腥风也有；时而花前月下，时而刀光剑影；温存后的背叛，体贴后的诱惑，关怀后的弃之不理，热情后的冷若冰霜，等等。各种五味杂陈的情感体验需要我们内心强大到坚不可摧、从容淡定地去面对一切。想哭的时候一个人悄悄地哭，或者找最亲密的人倾诉。不要在同事面前宣泄你的任何负面情绪，哪怕当时当地你认为再不公、再委屈！记住情绪稳定是基本的职业修养，这对你的职业发展来讲很重要。面对任何不公、感觉到任何委屈的时刻第一时间先保持冷静和淡定，没有无缘无故的爱，也没有无缘无故的恨。矛盾的激发都是需要一个过程的，从不公的事件和委屈的事情里面找出冰山下的脉络，找出表象背后深层次的原因和逻辑。能浮在水面的冰山其实都是明斗，需要凭借自己的智慧和力量去化解、去沟通、去自救。当你发觉你暂时无法改变现状、无法去据理力争的时候,可以选择适时离开,也可以选择积极地忍耐和等待。

(3)一定要务实一点。不要一天到晚想着轻轻松松就可以做惊天动地的事业,不要逢人就夸耀自己的一个创意、一个构想可以颠覆行业标准。误会在这种情境下经常发生,别人不是把你当骗子就是认为你是傻子。学会用业绩说话,用行业内认可的业绩说话。看看行业内的领军人物,看看他们的故事,他们的传记,看看他们默默无闻的时候做了多少功课,付出了多少心血,放弃了多少生活和娱乐的时间。可以大言不惭地说,优秀的人物都是快乐的苦行者。

(4)我们要培养自己多元化的价值观。职场的赢家就是当CEO、当高管吗?没错,权利的附加值是很大,可以拥有众人艳羡的薪酬,可以提升自己的影响力等。但是物极必反,高管同时也是高压力、高风险、高工作量的代名词,如果你用放大镜去看高管的真实生活和工作时可能你会有新的思考。越早反观内心,越早能获得启发和对关于平衡人生的多元化的工作方式和生活方式的思考。要学会适时地低头。现实和欲望的鸿沟是客观存在的。得不到的画面有很多,比如知道自己得不到时的坦然低头,知道自己能得到时的全力以赴,不知道自己能得到时的意外惊喜,知道自己得不到时却固执地追求的自欺欺人。其中最后一个画面多半是最痛苦的。明知不可为而为之是一种悲壮的美,美得令人心疼!学会低头是自爱的表现,是睿智的表现,是放弃一棵树而拥有一片森林的幸福!

16 竞争or斗争

《孙子兵法》中的"不战而屈人之兵"是我欣赏竞争的最高境界。

不经战争就使敌人屈服是需要苦心孤诣地经营的,但是从投资回报的角度来讲,投资最小但回报最大,值得我们勇于尝试。职场上不管是内部的还是外部的竞争，我的建议是最好趋向良性。众所周知，盲目的、充满恶意的斗争造成的恶果或者是自取其辱，或者是鱼死网破，或者是螳螂捕蝉、渔翁得利等一切负能量的聚集。如何避免盲目斗争而让自己或者团队趋向良性竞争呢？我们可以从身边优秀的同仁，从全球优秀的企业家、政治家、慈善家、艺术家等具有影响力的人群身上学习良多。

（1）我们可以发现他们大多数都拥有一颗宏大的心和开阔的胸怀。简而言之，他们拥有一个大写的"我"，总是将企业的利益、平台的荣誉放在首位，将自己的小我放在后面。荣誉感和使命感是一位合格的职场人士的灵魂，是活得越来越精彩、越来越辽阔的基石。

（2）我们可以看到他们都异曲同工地倡导共赢。单方面的赢不是他们的根本目的，也不是他们的初衷。换位思考是他们倡导共赢的开始，站在对方的角度考虑，站在全盘的角度，站在整个行业的格局，站在全球视野去思考如何通过沟通、谈判、磨合促成共赢。竞争可以是抱团取暖的竞争，可以是谈笑风生的竞争，可以是诗情画意的竞争，可以是润物细无声的竞争，可以是以退为进的竞争，可以是充满了爱的艺术的竞争。

（3）我们会发现他们都尊敬自己的对手甚至劲敌。你的对手有多强大，你就成长得有多快。不要整日揣摩如何通过斗争将对手灭了，如何将对手置于死地。我们要做的是如何比对手跑得更快，跑得更远，跑得更高效，跑得更从容。垄断是小概率事件，对你自身的能力和资源要求极高，即便实现垄断也是幸运与风险并存的。通过竞争实现合作，通过竞争实现化敌为友，通过竞争实现行业新格局、新标准，通过竞争实现新竞争时代里行业的共同的崛起！

（4）我们可以看到优秀的人群都有一个很难得的特质，就是他们都有一颗敬畏自然的心。我们只有一个地球，地球是我们赖以生存和发展最美丽的家园。当竞争对手或者不良商家为了达到商业竞争胜利的目的不惜牺牲环境，损害地球上无辜的动物、植物等一切大自然的馈赠时，优秀的人们和平台会选择放弃，选择怒斥，选择不惜一切代价去抗争，去据理力争,选择利用法律的武器甚至自己的生命去保护大自然,全心全意地保护我们的母亲!赢得高票房的电影《美人鱼》我看了三遍,每次看完都会泪流满面。印象最深刻的是姗姗(美人鱼)说得那句话:"当这个世界连最后一滴干净的水、一口干净的空气都没有了,钱还有什么意义呢?"万物相生相克是亘古不变的规律。与其盲目斗争、两败俱伤、伤人伤己,不如良性竞争,实现共赢。对,总有一些人利欲熏心、以身试法,通过各种破坏自然的手段赚得盆满钵满。天网恢恢,你能逃得过法律的惩罚吗?你能逃得过道德的审判和谴责吗?如果心灵不干净,拥有再多的钱也是行尸走肉;如果心灵干净,拥有再少的钱也安贫乐道。做不了大爱自然的天使也永远不要做伤害自然的魔鬼。坦然走在良性竞争的轨道上,不与天地盲目斗争,和天地做朋友,和大自然做朋友,做相亲相爱的朋友。

17 简单or复杂

简单的事情要复杂做,复杂的事情要简单做。经常会听到初入职场的同仁们抱怨工作太简单,太单一,太没有挑战性。由于你的工作经验较少,工作能力有限,企业不可能马上委以重任。这是很正常的,控制风险一直是企业重点关注的。但是看似简单的工作并不妨碍你用心去思考,不妨碍你将简单的工作复杂地做。任何细节都不放过,细心,周到,在不断地重复中不断地改进。通过长期、系统、科学地分析,你要找出工作背后的规律、逻辑和不断改善、优化工作流程的方法和思路。

海尔总裁张瑞敏说:"把每一件简单的事做好就是不简单,把每一件平凡的事做好就是不平凡。"贵在勤思!不要小看日常点点滴滴的思考,这是你成长的源泉,创新的源泉!同时,当我们面对复杂的事情时,必须让自己简单做。这是是否能立足职场的一个工作习惯,无关乎你是新人还是资深高管。大道至简是自然的规律。

　　法国著名哲学家、数学家、物理学家笛卡尔说过："我只会做两件事，一件是简单的事，一件是把复杂的事情变简单。"变简单的过程是抽丝剥茧的过程，是庖丁解牛的过程，是化繁为简的过程，是通过敏锐的观察和系统的思考将复杂的脉络理顺理清后总结出简单可行的科学工作方法的过程，是效率不断提升的过程，是持续创新的过程。复杂只是事物或者事件的表象，我们需要在复杂的环境，复杂的人、事、物里面通过团队智慧种下一棵系统思想形成的树，让大树健康成长。

　　我个人常用自创的小树方法抛砖引玉，和大家分享一下，期待同仁们和各行各业的精英们更多分享！开始画一棵小树——请拿出一张A4白纸，首先我们描绘出大树的根，根就是代表事件或者事物的核心，或者是主要矛盾、主要问题。再描绘出树干，从树根一节一节向上画，描绘出解决核心问题的关键方法和思路，每一节写一个，我的建议不要太多，三到五个即可，可以通过团队共创或者其他头脑风暴的方法来得出解决问题的核心思路和方法。再描绘出枝干，每一节对应一个枝干，枝干是描绘执行核心思路所需要的核心资源（比如人力、物力、财力）。一节一个资源点，建议不超过五个，太多了就不是核心资源了！二八法则是通用的！下一步是创新的课题，我个人自创的方法很简单：组建一个创新的核心团队（实在无人合适，你就主动背负重任），人不需要太多，但是保证至少有一个人在某个阶段全职在做创新的工作。这样的工作我经常会自己来执行。描绘叶、花、果的过程是一个创新的过程，我们先描绘简单的叶子、花朵和果实。叶子代表创新的点子，一个创意。叶子肯定会比较多，需要我们天马行空地描绘叶子，各式各样的叶子——创新是没有任何禁锢的。花朵是从叶子里面筛选出来的可落地、可执行的核心创意。果实是将创意之花精心培育后形成的成果，是所有创新的结晶。最后将所有的果实画到树上为大树服务。

　　全球专家分享的很多非常系统化、科学化、流程化的管理工具和创新方法都值得我们大家借鉴，比如业务流程重组，比如六西格玛，比如供应链管理、精益化管理等。需要提醒的是，各行各业、各个发展阶段的差异化非常明显，要选择适合平台发展的工具。种一棵大树需要的是将简单的一颗种子细心培育和阳光雨露的滋养，修一棵大树的过程是需要我们将复杂的大树在脑海里系统地、科学地分解，找出核心的脉络。每一天都沉浸在种树修树的创新里，无穷无尽的快乐和乐趣会像小天使一样不断地飞到我们的身旁！

18 用针挑土

"成事针挑土，毁事水推沙。"这是很多年前一位事业有成的兄长送给我的一句话，这句话是他家乡流传的一句谚语。经常在自己感性大于理性的时刻鞭策自己，让自己和团队一同更加理性、更加科学、更加细心、更加耐心地去做每一件事情。

存在一个不好的现象，就是我们经常向往如何如何做成几件大事而不屑于做身边的琐碎繁杂的小事。殊不知任何一件大事都是由无数的小事组成的。每一件小事都需要用心去做，不要小看任何一件微不足道的小事，做好一件小事也需要按照事物发展规律去做，也需要系统统筹、认真规划时间空间，也需要以做任何大事一样的格局和胸怀去执行。

做好每一件小事是工作也是生活的艺术，因为做好每一件小事的过程是在修炼你的心性的过程，通过量的积累能达到质的升华。美国海军三栖特种部队（SEALs，一般叫海豹突击队）的军官威廉·麦克雷文（William H.McRaven）曾经参与指挥了击毙本·拉登的行动。他在一次演讲中提到了海豹突击队的训练给人的教训之一：一个简单的教训是，你每天早上起来，应该先整理自己的床铺，也就是叠被子。所有美军也叠被子——为什么要叠被子呢？他说把叠被子这件事办好，你就取得了一个小小的成就。如果每天以一个小小的成就开始的话，你就会养成一个习惯，激励你这一天去成就更多的事，培养一种成就感。

另一个不好的现象是，我们经常会缺乏耐心。没有耐心听完同事的话，没有耐心去听取客户的反馈，没有耐心去解释你的真实想法，诸如类似的事情经常会发生在我们的身上，然而正是这些缺乏耐心的举动让我们在职场上越来越被动。职场之路是条通向前方的单行道，容不得我们回头再重复一遍，容不得我们犯很多错误，有时一个小小的错误就会让我们在职场中走很多弯路，所以学会认真地做好每一件小事，用针挑土的精神细心打磨自己有点粗糙的心、有点浮躁的心，汇集百分之两百的心力去做每件小事。每每认真完成一件事给自己一个小小的奖励，一顿美味的大餐，一本心爱的笔记本或一瓶浪漫的香水。很多小事是有点枯燥的，通过小小的激励来创造工作的快乐和活力。

另外，就是很多人缺乏恒心。很多事情做一天两天是看不出任何效果的，需要我们日积月累，将简单的事情不断重复地做。每一天，每个月，每一年坚持去做，终于有一天在不经意的瞬间我们会闻到成长的芬芳。当我们用辛勤的汗水、盈眶的热泪去一点一点地击破前方的顽石，平常的岁月里也会演绎出一个个水滴石穿的美丽故事。北大才女汐姐曾经送给我一句她最喜欢的话："哪怕一点点的克制，都可以让你变得更坚强。"任何想放弃的时候学会克制一点点，再克制一点，克制自己的懒惰、自己的懈怠、自己的任何负能量，去演绎职场星火燎原的芬芳。最后想提醒一点，就是小心驶得万年船，再微小的事情也要有风险意识，再大的利益、再大的诱惑都不要触碰法律的红线，如果有任何平台明示暗示地让你去做违背法律和违背良心的事情，一定要果断选择放弃。人生活得有尊严有良心比什么都重要，职场最好的通行证不是你多富足、多有地位，而是你的每一分钱都赚得干干净净，你做的每一件事都是坦坦荡荡的。

19 淡定从容

杨绛先生在《一百岁感言》中写道:"我们曾如此渴望命运的波澜,到最后才发现人生最曼妙的风景竟是内心的淡定与从容,我们曾如此期盼外界的认可,到最后才知道世界是自己的,与他人毫无关系!"

职场真正的较量不是和他人竞争,而是和自己进行一场无声的竞争,一场关乎心力的竞争。我们要做到比昨天更优秀,比昨天更进步,比昨天更淡定,比昨天更从容。无论在何时,无论在何地,让自己永远拥有一颗强大的内心,一颗不怕风雨、不怕日晒的心。不要背上过去沉重的包袱,不要沉溺在失去的痛楚中,也不要沉浸在过去耀眼的成绩或者自己家族创造的财富里不知天地如此宽广。立足当下的工作和生活,脚踏实地、从容淡定地去经营每一天的职场生活。

同时也不要对未来有过多的忧虑和过多的期待。人最怕的就是过多的操心。未来的可控都把握在现在,未来的不可控就放手交给未来,三分天注定,七分靠打拼。现在的、实实在在的、简简单单的打拼最重要。

最近一直在看张宏杰的《曾国藩的正面和侧面》,拜读三遍后发觉里面很多哲理让我受益匪浅。其中曾国藩的处世心法叫"未来不迎,当时不杂,过往不恋",这三句话值得我们一生学习。我的解读就是每天都是新的一天,每天都归零,把自己归零,让自己的身体和精神永远充满正能量、自然的能量、出生时天地和母亲赋予的能量并去创造新的能量。过去和未来的时空都是虚幻的能量的代名词,思虑过多就会消耗当下的能量,专注当下,每一个当下就是最美的时光、最美的空间、最美的相遇、最美的生活。

不要害怕孤单,其实我们不孤单,自然是我们最好的朋友,永远不会放开我们的手。你的心灵、呼吸和时空真真切切地接触,你能感受到自然的呼吸和气息,阳光的光芒,星光的陪伴,月光的轻抚,路边无名的小花在静静地微笑。还有那山那水那风那雨，可爱的小动物，淘气的小精灵都是自然的一支歌，一幅画，一首无言的诗，一份美丽的情。我们随时随地培养敏感的心、敏捷的思维、深刻的洞察力、敏锐的领悟力和流畅的表达力去画今天的模样，鲜活的模样！

需要提醒的是：不要过分透支当下的正能量，可能当下感觉不到透支的正能量，甚至很长时间都感觉不到，但是这可能是未来美好生活的一个隐患。可能是身体的隐患，也可能是情感的隐患，或者是与世界和谐相处的隐患。让自己尽可能地沐浴在爱和喜悦的光芒中，至少让你自己处于有机的良性循环和动态的平衡之中。如此的能量场才有可能成就最大限度的生产力和创造力。淡定从容的心是一场无言的修行，通过自我不断地提升，不断地洗涤自己的内心，让自己成为温润如玉的谦谦君子。

20 高效沟通

高效沟通是职场不断成长的一个非常有力的助推器。慢慢地，随着阅历的增长，你会发现越是优秀的人沟通能力越强。如何提高自己的沟通能力呢？

市面上有很多有关的书籍和视频可以分享，我想和大家分享的是自己观察周围优秀的人群获得的一些感悟和启发。

高效沟通的第一要素是要有充分的准备。在和候选人（候选人大部分是企业的中高管）交流的过程中，我发现一个现象就是凡是准备充分的候选人成功的概率都非常高；他们会细致地准备我要的东西，其中很多细节都准备得很周到。他们也会准备他们的问题，每个问题都是言简意赅。

高效沟通的第二要素是要全身心地投入到沟通中。全身心地投入到沟通中表现在思想和行动两个层面上，思想上不要浮想翩翩、心猿意马，不要让沟通对象感觉你有一点点心不在焉。行动上学会认真倾听任何信息，包括语言的信息和非语言的信息。行动上还包括在沟通的时候不要不断地接打电话，不停地翻手机，不停地看电脑。全身心投入的沟通要给沟通对象充分的尊重，偶尔有重要的电话、短信需要回复时可以和沟通对象说明特殊的情况，及时处理一下，这样会得到沟通对象的理解。

高效沟通的第三要素是沟通的内容上一定不是自说自话。一般认为，沟通是人与人之间、人与群体之间思想与感情的传递和反馈的过程，以求思想达成一致和感情的通畅。因此在沟通的过程中我们要学会很多正确的方法和技巧。比如说多提开放性的问题，开放性的问题可以让你捕捉到更多更全面的信息，能真正听到对方的答案。比如说沟通时要简明扼要，简单明了地表达你的观点和想法，不要废话连篇，不要不断重复自己的话，不要想到什么就说什么。说话利落干净会传递给对方你是一位逻辑性强、思路清晰的职场人士。这点其实非常重要，是职场必修的学分。再比如知道就是知道，不知道就是不知道，不要不懂装懂，那是非常幼稚的行为，早晚会被大家看出破绽，给自己落下笑柄。

最后千万不要好为人师。最好的沟通是交流而不是单方面的灌输。好为人师可能是不自觉中养成的习惯，但是如果经常这样会引起他人的反感，反感一旦形成很难短期改变，这会成为你和他人沟通交流的一个障碍。明智的做法是多听少说，恰如其分地说。造物主是英明的，她创造的人类有两个耳朵、一张嘴巴就是在告诉我们多听一点，少说一点。

21 面对不公

生活是不公平的。

有的人生下来就拥有富可敌国的资产，有的人生下来就要面对饥寒交迫的生存威胁。职场生活亦然，充满各种各样的不公。我再一次提到美国海豹突击队军官麦克雷文分享的他们突击队训练时的一个小细节。有时候士兵会因为一个非常小的错误而受到很大的惩罚。比如说衣着有一点点不干净的地方，就可能面临一整天的体罚。其实这个不讲理的做法主要不是为了让人学会衣冠整洁，而是为了让他体会到生活的不公平。麦克雷文说有时候你就是会遇到很不讲理的事，觉得不公平，但是你还是需要继续前进，这是对性格的一种磨练。类似的例子还有没完成当天的训练指标会被加练两个小时——搞这种惩罚就是为了把你整垮，让你退出，结果那些经常被要求加练而没被整垮的士兵都变得越来越强。

职场也是战场，面对任何的不公我们必须让自己立刻冷静下来！哪怕内心有一海水的委屈，一火山的愤怒，也要始终保持临危不乱的风度，不卑不亢的态度，有礼有节的大度。负能量的情绪就像职场海啸，会让很多本来可以转化为对你有利的事情无法挽回，本来可以从容完成的事情搞得你需要拼尽全力收拾残局。相信正能量的力量，那是宇宙最强大的力量。历史告诉我们，正能量必胜，而负能量必败。学会忍耐和等待，忍耐和等待是正能量的具体表现之一。

孟子曰：天将降大任于斯人也，必先苦其心志，劳其筋骨，饿其体肤，空乏其身，行拂乱其所为，所以动心忍性，曾益其所不能。动心忍性就是面对所有不公的事情的修行。不要太在意事情本身，不要老和他人攀比，不要总以为他人都是一帆风顺，而你就是坎坷而行，你看到的很多都是表象！不要去和他人盲目比较，先走好自己的路，修炼自己强大的内心，不断学习他人为人处世的优秀方法。当自己一帆风顺很少遇到挫折的时刻也别沾沾自喜，不断总结自己处世的心法，不断用发生在他人身上的案例在自己心里演练，把自己想象成当事人，如果我在他那种情境下我该怎么做，怎么做更好！他的哪些做法值得借鉴？哪些方式欠考虑？从他人的错误中学习是成本最低的方式，值得我们不断尝试。失之淡然，得之泰然。在失去一些东西的时刻，我们要学习如何让自己更好地适应，更好地改变，更好地完善。

多年的职场经验让我有一点心得,就是面对所有不公的总结。失之之后想想——面对不公,看似吃了点小亏,其实是要提醒自己防微杜渐,避免吃大亏。比如通过一件不公的事让你看清一个人,让你看清一个项目,让你看清了事情背后的真相。这难道不是吃亏是福吗?再比如看似不公的事情让你看到了平台、团队、前辈、师长对你的用心良苦,你会不会抱着更加感恩的心、更加上进的心去融入团队这个大家庭,为团队贡献你的心力?

得之之后想想——面对得到,是否对他人有不公?如果对他人没有任何的不公,也要学会低调,学会分享,学会拿出自己的一部分所得和团队共享,团队是你坚实的后盾,利益一定是共享的!倘若对他人有不公,你就要格外警惕,我得的是福还是祸?为什么我平白无故得到呢?是因为我的家庭背景,还是我的貌美如花,或者因为有其他暗设的甜蜜陷阱?记住,世界上没有无缘无故的爱。我们要做一位坦坦荡荡的君子,君子爱财,取之有道。陷阱也是一种不公,是包着糖衣的不公,需要我们加倍谨慎小心!

总之,面对不公,首先心态上要学会冷静,别匆忙做任何决定,在心里多问几个为什么。寻找不公表象后面深层的脉络,深思熟虑之后要立足于解决之道。

22 学会独处

职场人生经常是充满了戏剧色彩的悲欢离合。

我们有否极泰来的欢呼雀跃,也有乐极生悲的泣不成声,有平淡如水的无风无浪,也有惊涛骇浪的波澜壮阔,有壮志难酬的"风萧萧兮易水寒",也有双喜临门的"爆竹声中捷报传",有"山外青山楼外楼,西湖歌舞几时休"的欢声笑语,也有"举杯邀明月,对影成三人"的孤单惆怅。每位职场朋友都会或多或少地感同身受。特别是职场的中高层，能说说心里话的同仁屈指可数。高处不胜寒，有时等你真正做到那个位置时才能真正体会到"如人饮水，冷暖自知"的境遇。老板和高层很多时候都要为平台的底线负责，战略制定的偏差和任何决策的失误都可能会给平台造成巨大的损失和自设发展的瓶颈。学会独处是每一位职场人士必修的学分。

独处可以让你更从容、更豁达、更冷静，在独处中，我们可以抛开纷繁复杂的零星琐事，抛开无效且冗长的被动应酬，远离五光十色的喧嚣浮躁。或在一轮明月下，或在一壶清茶边，或在一汪清泉旁静静地遥听内心深处的回音。和天地对话，和自然对话，和内心对话。当你感觉自己固步自封、停滞不前的时候，看看天空变幻的云彩，看看一朵花、一片叶子四季的变迁。当你感觉努力、努力、再努力还是与梦想遥不可及时，看看一棵大树的力量、一棵大树的年轮、一棵大树的沧桑。当你感觉被欺负、被诬陷、被打压、被伤害、被压榨得透不过气的那一刻，看看潺潺流水流淌的力量，"天下之至柔，驰骋天下之至坚"的力量。

当你背井离乡、举目无亲又频频碰壁之时，看看星光、月光、阳光，还有一颗萤火虫的闪亮。它们都是你亲密的朋友，默默地陪伴你，陪伴你生长。月光的温柔如玉，星光的烂漫俏皮，阳光的永远傲娇，永远昂扬！独处累了就睡一觉，相信太阳明天照常升起！在你感觉每天都被时间表上的事项绑架了，没有时间独处的时候，你要强迫给自己一点时间独处。这点独处的时间可以让你静静的内省。倘若你有幸富可敌国、家财万贯，是否活得心安理得，做的所有的事都对得起自己的良心？是否心怀感恩，是否能为地球母亲、为社会贡献自己的一份力量？倘若你不幸一无所有、贫病交加，是否想尽一切办法去努力改变，去和命运抗争，去和时间赛跑？是否比他人付出超出常人几倍甚至几十倍上百倍的努力？你尽力而为了吗？你总是感觉生活如一潭死水，没有激情，没有挑战。你是否客观理性地评估了自己的优势劣势，给自己设定了新目标，按照新的时间表不断完善自己？相信独处的力量是强大的。因为独处给了你从容的时间和空间，给了你安静的磁场，给了你祥和的港湾。和自己内心真实、真诚、真切地交流的独处时光妙不可言。

我写的第一首小诗《快乐》分享给大家：

  一朵花的快乐
  在于绽放于万紫千红中
  依然可以自赏

  一滴水的快乐
  在于流淌于碧海苍穹中
  依然可以自唱

  一个字的快乐
  在于行走于浩瀚诗篇中
  依然可以自娱

  一个人的快乐
  在于淹没于茫茫人海中
  依然可以自乐

23 真心热爱

我们的生活不仅仅是循规蹈矩。

钢筋水泥的森林里塑造的画像不是顺从，不是臣服，不是一条从上班到下班的直线，而是充满诗情画意、风花雪月、千姿百态、姹紫嫣红的精彩，是一条条用童心、初心，用热情编织的美丽曲线。

看着身边越来越多真心热爱生活的人们选择做自己真心热爱的事情，我就情不自禁地想为他们鼓掌，为他们自豪！比如越来越多的旅游爱好者、摄影爱好者辞职去全球旅行，他们在路上收获曼妙风景，还有纯真的友情和浪漫的爱情。比如抛弃高薪去乡下种菜的硕士、博士们；比如辞去奋斗多年得到的职位去云南丽江开个性化酒店，去边远山区做公益的白领、金领们。比如享受创业的"罗辑思维"的罗胖子，每天始终如一地死磕60秒。那么生动，那么可爱，那么让我心甘情愿地买单的罗胖子！比如古灵精怪的papi酱快乐地分享着她碎碎的小事的同时，践行着快乐的创业！

可爱的亲们，每个人都是父母创造的最独一无二的作品。去和你的最爱谈一场荡气回肠的恋爱吧！什么？你不知道你的最爱是什么？没关系，不断寻觅，不断发掘，一天没找到两天，一个月没找到两个月，一年没找到两年，只要你坚持不懈，你一定能找到！最爱是你百做不厌的，是你越做越兴奋的，是缠绕你内心让你"才下眉头又上心头"的那份死心塌地的牵挂。想想你对异性怦然心动的感觉，如果你对某件事、某个项目、某个目标有类似动心的感觉，那可能就是你真心热爱的事物。她是能触动你心灵的精灵，是你梦寐以求想完成的一个作品，或者是你千思万想的一个商业项目，或者是你一直向往的生活方式，或者是因某个际遇深藏在你内心的一颗种子。找到了真心热爱的东西就等于找到了一位灵魂伴侣，你和她在一起不管多累、多辛苦，每一天都是快乐的、幸福的、甜蜜的！当你因真心热爱而工作时，工作不仅仅是工作，不是谋生的方式，不是给领导交差的应付，而是一曲快乐的交响曲。每一个音符你都愿意倾力倾情地演奏。你会去选最好的乐器，最好的演奏家，最好的演出场地，最好的灯光，最好的美术，最好的指挥，最好的演出服。为了真心热爱你忘我地活在快乐的世界里，每一天、每一秒，你的创造力、生命力、青春力都在尽情绽放！不要轻易掉进物欲的陷阱，生活真的不需要太多的包装，包装太多只能说明你内心空虚。培养自己仅有一碗粥、一杯水、一片屋檐也可以从容生活的心境。真心热爱的是简单、纯朴、高尚的事物,是让你灵魂高贵的风景,是由内而外散发的真善美的光芒。精心呵护你的真心热爱,别让她从你手边轻易溜走,别在其他的诱惑下昏了头。你对自己得真实!别自欺欺人,别人云亦云,别随波逐流,别盲目顺从所谓的权威,甚至包括生你养你的父母。你只有一次人生,你有选择自己人生轨道的权利!

真正的强者就是敢于大声对自己真心热爱的她说"我爱你!"同时用自己的实际行动去践行真心实意的爱!别怕山高路远,别怕风餐露宿,只有你一心一意为你的真善美的真心热爱奋斗,世界就会为你让出一条大路来,让你越走越顺畅!

24 有点野心

如果身在职场安于现状,你离危机就越来越近了!这是一个瞬息万变的时代,每一天有无数的公司轰然倒下,每一天又有无数的公司冉冉升起。我们要做的是与时俱进,具体来讲,你如果做不到野心勃勃地追求,至少要有一点点野心。这点野心就是你前进的动力,实实在在的动力,每一天让你早起的动力。

比如你是初入职场的招聘专员,你至少要有在1~2年时间能做个招聘经理的野心,有了这点野心,你就会对标招聘经理的岗位要求,一点点地充实自己,一点点完善自己。你不能说我真心热爱专员这个岗位而选择长期做这个岗位,那这是你不思进取、不求上进的借口!是逃避现实、用自设的谬论麻醉自己的毒药!

再比如你是企业的中高管,升职已经到天花板的瓶颈阶段,你同样不能原地踏步。职场的拓展和人生的拓展是息息相关的,有各种维度的拓展。你可以在自己的专业领域有更深入的课题研究和创新性的探讨;你可以在其他领域大胆尝试，培养自己的新技能、新思维；你也可以在你的家庭建设上，比如父母关系、亲子关系、夫妻关系，有更美好的追求；你还可以在你的业余爱好上大做文章。总之，我们需要在生活这盘菜里加点野心的调料，加以火候我们就会发现这盘菜越吃越有味，越吃越有感觉！与此同时当我们爱的人和爱我们的人在品尝这道菜的时候，也会会心一笑！有点小野心，就好比学生时代我们不一定非要自己每次考100分，而是今天60分明天能考个61分，或者考个70分。让生活有点小期待、小目标、小憧憬。任何人都有成长的空间，我们先不谈如何如何成功，我们谈让自己成长，让自己进步，让自己今天比昨天更美好一点，更向上一点，更快乐一点！需要指出的是，假如你的内心野心勃勃希望干一番大事业，闪着真善美光芒的大事业，不要有任何犹豫，不要有任何的自惭形秽，珍惜这个宝贵的大野心，将一个大野心分解成一个个小野心，通过一点一点实现小野心向大野心慢慢靠近，相信野心的力量，相信自己小宇宙爆发的力量！

多年来有幸和多位优秀的企业创始人和企业中高层管理人进行了深入的互动，我发现越是优秀的人他们越是有野心，而且他们会持之以恒，克服千难万阻去实现他们的野心。不要光看到他们万人瞩目的风光，在风光的背后每个人都有一段几年甚至是几十年的酸甜苦辣的奋斗故事。听完每个故事之后都会让我们唏嘘不已。《易经》有云："取法乎上，仅得其中；取法乎中，仅得其下；取法其下，无所得矣。"简单来讲就是要有点野心，做人做事要有高一点的标准，才能得到好的结果，如果期望值本来就定得低，那么，最后的结果只会更低。我欣赏内心有大野心而不断践行小野心的人们，正是你们多姿多彩的演绎让职场生活那么绚丽夺目，那么激动人心，让我们感受到野心是燃烧的火把，点亮了我们激情燃烧的美丽岁月！

25 真实一点

职场真没有想象的那么复杂，千万不要故作深沉，把自己弄得老气横秋。职场里多多少少会出现各种各样戴着面具的人们，有的是善意的，有的是恶意的，有的是不置可否。你要清楚地看到这个世界太聪明的人不多，太傻的人也不多，大家不仅仅听你口若悬河、声情并茂地说，看你费尽心机、如火如荼地表演，摸摸你那张处心积虑做的面具，更多的是关注你不经意之间流露出的点点点滴滴，这些点点滴滴的图案汇总就是大家对你的真实看法。只是多数人看破不说破而已。所以，做不戴面具的自己，做真实的自己！

做真实的自己是最简单、最坦荡、投资报酬率最高的为人处世的方式。当你真实起来后，周围的气场也会真实起来，当你戴着虚伪的面具，你周围也会充斥不同程度的虚假。相信你是什么，你就会吸引来什么，这是吸引力法则。做真实的自己不是让你见任何人都表明心迹，而是通过专业、职业、敬业的态度在职场站稳脚跟。不要装职业、装敬业、装专业，明眼人会一眼识破你的马脚。因为自己的各种"装"被人看穿、被人看轻、被人看低在职场是致命的，因为印象一旦形成很难改变，你会因为你的"装"让你处处被动，让你丢失很多宝贵的提升自己的机会。投机取巧不可为，是职场的大忌！

我做人力资源工作多年，看到身边很多因为投机取巧而屡屡碰壁的案例，都是太急于求成、太想走捷径、太想一步到位等负面的心理在作怪。我们要真实地面对自己，真实面对他人。哪怕犯一些非原则的错误，职场这个舞台都会给你改进的空间和时间。真实面对自己就是接受自己的不完美，百分之百面对自己的现状。不要因为自己某些方面的出众就高看自己，天外有天，人外有人；不要因为自己某些方面相对柔弱就低估自己，自暴自弃，怨天尤人。对自己不卑不亢才能对他人不卑不亢。

在职场上不管我们身处何位，只是分工不同，没有什么高低贵贱之分。我们用自己专业、职业、敬业的态度去服务我们的公司、我们的客户。所有的同仁都是平等的，大家都在为事情向更美好的方向发展而努力，一切都围绕制定正确的事、执行正确的事，一切以做事为导向，一切以专业、敬业、职业为导向。这种做真实自己的方式就会让我们省去很多不必要的麻烦和无效的社交应酬，也会让我们做事更加如鱼得水、游刃有余！做真实的自己更深层的提升是这样的，我们会遇到对的人、对的平台。因为平台的人欣赏真实的我们才会与我们共事共发展，而戴着虚伪面具的平台和人都是选择和自己类似的人去投机取巧，以为可以坐享其成，实际上多半是竹篮打水一场空！

在职场中遇到对的人、对的平台太重要了，对我们一生都有积极意义。当我们真实地面对自己的时候，面对不同诱惑的平台和人时，也会提高真实评估平台和人的能力，让我们更加理性、更加客观地分析、判断自己和平台的匹配度。真实一点对待职场，对待生活，相信我们会走得更坦荡，更从容，更有魅力！

26 再狠一点

很多时候我们对他人的要求远远高于我们对自己的要求。

职场上、生活上我们可以找出无数个理由要求别人这样，要求别人那样，可是同样的境遇我们经常会有意无意地放纵自己，无数的借口、无数的理由在我们脑海里盘旋，我们麻醉自己，自设牢笼，所有这一切阻碍了我们前进的步伐。

初入职场时，我也会艳羡企业高层绚丽夺目的闪光，总是觉得上天特别眷顾他们。渐渐地，随着阅历的增长，同时因工作关系接触大量的企业董事长和中高管之后，我的感受和当初有着天壤之别。他们对自己太狠了！用通俗的话来讲，他们都是在死磕自己！他们是一群制定工作目标后不完成决不罢休的高度自律者，他们是为了能赢得商战的胜利在刀光剑影中从容不迫、有条不紊、刚正不阿、有勇有谋的战士，他们是从来没有抱怨、没有借口、十年如一日地自发驱动成长的强者。他们在工作状态的时候都是拥有企业家精神的工作狂！

对自己狠一点，再狠一点不是透支自己的生命，不是强迫自己做违背良心的事，是要做一名高度自律的战士，在职场上从高效人士的七个习惯做起——**积极主动，以终为始，要事第一，双赢思维，知彼知己，统合综效，不断更新**。我们都对这七个习惯耳熟能详，但是我们是否将这些好习惯融入每一天的职场生活里，融入流淌的血液里？最朴素的学习方式就是重复，我们只有不断地重复这七个好习惯，死磕各种习惯顽疾，在重复好习惯的这件事上对自己狠一点，再狠一点！对标比你优秀的人，见贤思齐，再小的坏习惯也不纵容，再小的错误也不为自己找借口，再容易的事情也认真去执行，再简单的任务完成了也认真检查一遍，再熟悉的工作也一丝不苟完成，再困难的时候也要坚强，再复杂的事情也要抽丝剥茧地分析，再委屈的时候也要学会克制，再开心的时候也不要得意忘形……这种狠才是真正的狠，就是逼迫自己成长的力量。

孩提时代，在我们蹒跚学步摔倒的时候，爸爸妈妈会在不远处鼓励我们自己爬起来，一次不行，两次不行，再来第三次，在不断地尝试中我们学会了自如地走路。当我们步入职场，在没有任何人天天监督时，没有任何人天天指导的情况下，我们要扮演一个逼迫自己的角色，激发内心深处的狠劲，燃烧自己的激情，逼迫自己强大起来，相信好习惯的力量，相信改变的力量，相信自己生长的力量。好习惯就像太阳一样，而我们要做的就是像向日葵一样，永远向着太阳生长！当好习惯的光芒在我们身上越来越亮的时候，我们也会绽放沁人心扉的芬芳！

27 柔和一点

在职场上有时需要和同仁及客户谈一场"甜蜜的恋爱"。

很多时候我们发现自己的专业能力并不比其他同仁差，付出并不比其他同仁少，但是同仁们收获的是更好的人缘，更好的业绩，老板更多的嘉奖，更多的客户认可。为什么会这样呢？

任何事物的发展都是有客观规律可循的，我们可以留心那些拥有很多"更好"的同仁们，他们的很多细节值得我们借鉴。比如他们都比较爱笑，记住爱笑的人运气都不太坏！他们会在开心的时候开怀大笑，会在客户抱怨的时候微微一笑帮他们排忧解难，会在得到同仁们帮助的时候淡淡一笑，真诚地说：谢谢！再比如他们永远不会针尖对麦芒，他们会在同仁和客户情绪欠佳的时候耐心地倾听，哪怕明知道多半都是对方不对的时候，他们也是想方设法让对方冷静下来，事后通过和对方春风化雨地沟通，让同仁或者客户感觉到自己当时是表现不佳，发自内心地感到惭愧。而他们会欣然接受对方的歉意和真诚的道歉，他们还会安慰对方过去的都过去了，永远不记仇，永远宽宏大量，永远让你知道改正错误就是最美的开始！

有时他们也会被误会，有时他们也会有委屈，但是他们不会在任何公众场合有任何一丝一毫的失态！他们会审时度势，冷静、客观地分析自己被误会背后的脉络，如果一大部分原因是他们自己造成的，他们会欣然承认，如果一小部分原因是自己造成的，他们会审时度势地站在双方的立场去建设性地沟通！他们看似柔弱但在紧要关头会挺身而出，仗义地用最柔和的话语和行动有礼有节地去帮助最需要帮助的同仁和客户。他们是职场的普通人，就在我们的身旁，可能是我们的一位上级、下级、平级，也可能是打扫卫生的阿姨、可爱的前台、刚毕业加盟平台的助理或者服务平台多年的门卫、给公司开车的司机等。他们的点点滴滴柔和的举动会让我们的心灵也随之柔和下来。这是真情实感的力量，这是润物细无声的力量，这是一汪清水的力量。

　　太坚硬的东西容易折断，太锋芒的情感会适得其反。我们要静静地、静静地柔和下来，不管发生什么匪夷所思的事，不管周围的环境多么不尽人意，我们都要像水一样静静地面对一切，那么柔和又那么清澈，那么温馨又那么透明，那么博大又那么恬静，那么壮美又那么自然。分享奥黛丽·赫本的一段话："若要优美的嘴唇，就要讲亲切的话；若要可爱的眼睛，就要看到别人的好处；若要苗条的身材，就要把食物分享给饥饿的人；若要优雅的姿态，走路时要记住行人不只你一个。之所以为人，必须充满精力，自我悔改，自我反省，自我成长；而非向人抱怨；求助于自己的双手，一只手用来帮助自己，另一只用来帮助别人。"让我们学会柔和地面对世界，世界待我们也会柔和起来。

28 宠辱不惊

　　宠辱不惊是职场必修的学分，也是人生必修的学分。

　　职场的人和事有时是不符合常理的。记得我初入职场时身在异国他乡，工作非常努力，也尽力去和所有的同仁保持亲善关系，总是希望自己获得所有同仁的认可。可是一段时间以后我发觉有些事总是事与愿违。不管你怎么真情付出，一些同仁就是冷眼相待，总是给你感觉很难接近。一些同仁不但不为你的努力得到的嘉奖喝彩，还不时说一些不痛不痒的风凉话。有一段时间我是有点迷茫的，有幸和一位职场前辈交流我的困惑时，她耐心地听完我的困惑之后说了很多鼓励的话，提到最多的四个字——宠辱不惊。这么多年在职场我一直努力让自己做到"不惊"，并在"不惊"的态度下深思熟虑。我发现这四个字有非常积极的意义。

面对任何"辱"，不要有任何冲动的话语和行动，自始至终保持"不惊"的风度。"不惊"就不会乱！倘若心乱了很多事情就会变得千头万绪、杂乱无章，简而言之就是乱则生事。"不惊"让我们学会冷静，学会思考，学会反省。我们没必要取悦所有人，我们也没必要让自己无缘无故受辱。关键是面对"辱"的态度并通过深思熟虑想出能改善现状的解决之道。举例来讲，某个同事对你的辛勤付出冷嘲热讽，你分析下来可能是他的嫉妒心在作怪，他心虚，担心你取代他的位置，担心老板重用你而忽略他。我们大可不必把这类事情放在心上，类似的小伎俩只能反映他的浅薄和无知。我们保持好心情，做好自己就行了。再比如你无意中发现你从没有说过的话、从没有做过的事却被某人杜撰得煞有其事，还传到了老板的耳朵里。我们要做到的不是和某人去大吵一场，或者去和某人斗个不可开交。我们要做的是看清"利益决定立场"的客观事实。

没有无缘无故的恨。恨的发生多半是我们的行动触动了某人或者某个群体的利益，我们要做的是不惊不慌。看清事物发展的本质，坚持真善美的初心，时刻反省自己的一言一行，尽量找出能实现共赢的解决方案。还有一种"辱"是老大重用你的信号。他的表象是近乎苛刻的"小辱"，比如一个方案让你修改了几十遍，项目的一个细节出错也会对你严肃批评等等。实际上，类似的举动是对你高标准、严要求的用心良苦的培养，你要用积极的态度去面对所有的种种，"辱"是让你化压力为动力的力量，是让你将消极转化为积极的力量。同样的道理，面对"宠"我们也要做到"不惊"。"宠"可能是上天一时的眷顾也可能是意想不到的陷阱。不惊于宠的态度可以给自己一个冷静的时间和空间去感受"宠"背后的意义。是自己认真付出获得真心实意的嘉奖还是某些无事献殷勤的人的别有用心？抑或还有其他的考量？

没有无缘无故的爱，这份宠爱是坦然接受还是委婉拒绝，接受是百分之百接受还是选择性的接受？所有的决定都基于你对"宠"进行综合分析判断后得出的结论。宠辱不惊是让我们的心随时随地保持平静的状态，静则明，明则慧。当我们拥有宠辱不惊的境界，在职场的舞台上，在生活的舞台上就会更理性，更客观，更从容地做最好的自己。

29 超级专注

80/20原则在各行各业都通用，我想提出的是99/1的原则，就是超级专注精神。

要想赢得职场的先机，必须超级关注可以给我们带来最大价值的领域。我们经常看到身边很多努力工作的同仁们业绩平平，付出和得到不能成正比，这意味着你的付出就是零价值甚至是负价值。长期的付出得不到期望的回报会让你否定自己，消磨斗志和激情。事倍功半是每个人都不想看到的结果，如何规避呢？

（1）我们要找出超级关注的一件事。曾经看到日本东京吉祥寺的一家3平方米小店年赚2300万元人民币，就卖羊羹和饼干两种点心。他们对产品的专注精神值得我们借鉴。我们卖什么产品？哪个产品是我们最擅长的、最可能实现的？市场上最有竞争力的，性价比最高的，最令消费者期待的……多数管理人都是在卖自己的专业服务，我们要做的是把自己的专业服务品牌化。大卫·艾格的品牌资产理论认为，品牌资产包括品牌知名度、品质认可度、品牌联想、品牌忠诚度及品牌的法律资产。专注经营自己的个人品牌，把自己打造成职场的一流奢侈品！品牌的溢价空间极具想象力，品牌塑造的策略可以游刃有余地运用到我们的个人品牌上。看看娱乐圈的明星，他们很多人背后都有一个团队在经营个人品牌，他们深知品牌的力量是无穷大的。

身在职场的我们经营个人品牌首先要做的事是时间管理。我们要拿出99%的精力专注地做好一件事，一件对自己品牌价值最大化的事。持续地投入，持续地付出，持续地努力。

（2）我们要梳理流程。不断地简化做事的流程，这是专注的核心部分。冗长复杂的流程越多，各种成本，包括各种显性成本和隐性成本都会更高。复杂的事情要简单化，流程要做到简洁而有力，不断做有针对性的减法就是不断提升效率的过程。

（3）面对诱惑要淡定。当你取得小小的成就的时候，很多诱惑就会接踵而来，看似诱人的薪水，看似诱人的创业项目，抑或是人本能的惰性和随性，等等。历史和现实都告诉我们，很少有人在自己专注的领域之外获得巨大成功，所以面对诱惑我们要保持清醒的头脑，专注自己多年奋斗的领域，不要轻易放弃。多年的行业经验不但让你在本行如鱼得水，更多是培养了你的手感和前瞻性。手感就是你洞悉行业的敏捷力和穿透力，这是你和其他行业同仁竞争的优势。多年积累的功力让你在战略战术上有较强的判断力和正确处理危机的能力。有的甚至不能系统化、学术化，就是一种感觉，一种看问题的先知先觉，一种异于常人的敏感度。就像很多一流的手艺人，同样的流程，同样的材料，同样的机器，他们做的食品、服装、工艺品却能让人耳目一新、过目不忘，有一种摄魂的魅力！

分享一个我多年接触大量中高管案例总结的经验：管理层在40岁以后尽可能在自己擅长的领域发展，珍惜自己宝贵的经验，千万不要盲目地去其他行业冒险。哦，对了，你问我剩下的1%做什么，我建议把时间和精力投资给真善美的信仰，任何关于真善美的信仰都值得尊重，因为有信仰可以让我们保持心灵的平静，而平静可以让我们更加专注。

第15章 / 案例分享

在本书的最后一章,我会在分享真实案例的同时诚心诚意送给所有职场的朋友们三个锦囊,希望能助你们茁壮成长!

01 避生就熟

某市值过百亿的上市公司的财务二把手X先生在职业发展遇到瓶颈的时候跳槽去了一家待上市公司做CFO，吸引X先生的是公司上市后的股权激励变现和企业的发展前景。不太幸运的是这家企业由于宏观环境的突然变化而推迟了上市计划。此时的X先生决定看看市场机会，有很多家企业向他抛来了橄榄枝，其中让他比较动心的有三家：第一家是原来的公司请他去做负责某个业务的总经理，第二家是新三板待上市公司，高薪聘请他去做CFO，最后一家是某已上市的公司（规模和原来服务的公司相当）请他去担任CFO，X先生陷入了深深的思考。

职场的朋友们，设身处地地想想，如果你是他，会做出怎样的选择呢？恰巧他也是我客户的候选人之一，在和他细致地交流之后分享一下我的心得。

职场人士在35～40岁时平台选择是非常关键的。这个年龄阶段多数人都已经通过自己的努力奋斗到企业的总监、事业部副总、总经理的职位，最核心的不是解决谋生的问题，而是可持续性的职业发展，需要前瞻性、科学性、务实可行的战略战术规划。众所周知，越高的岗位越是稀缺资源，再往上发展的可能性不仅仅取决于你的努力还有你的机遇，即我们经常说到的天时、地利、人和等因素。X先生就面临了类似的问题，他原来服务的上市公司的CFO也就是X先生的直接上级是公司元老，工作也非常出色，短期和中期都不可能离开平台，因此平台能给X先生提供的发展上升空间有限。X先生选择看看外面的新机会是合理的,刚跳槽时选择失误一两次也是合理的。一方面是因为没有跳槽的风控经验,另一方面跳槽的不可控风险是客观存在的,尤其是管理层,你的发展和企业的发展息息相关。所以应该选择理解自己,原谅自己,以平常心看待一时跳槽不顺利。

我们深知在职场跳槽的关键时刻选择比努力更重要。那么,我们和X先生一起探讨这三个机会的利弊。选择回老东家,和老板的信任度和价值观都不需要磨合,薪酬也不用多虑,唯一面对就是从专业岗、职能岗转型到业务岗的适应度和意愿度。各行各业财务总监被提升为业务老大的案例屡见不鲜,但是转型是否真正成功这种后续报道却很少有人进行系统化、科学化的研究。事实上成功的大有人在,失败的也不在少数。

多年猎头咨询行业的服务经验,让我有机会大量接触企业中高管,我发现除非你下定决心破釜沉舟转型,否则不要轻易尝试!

为什么呢?

(1)转型期间需要很长一段时间付出异于常人的努力。

人近中年,你的体能和精力可能在下降,但是现实需要你持续保持旺盛的状态,你的时间和空间需要重新规划。从时间的角度来讲,你可能很长一段时间需要放弃与家人团聚的时光、亲子时光、休闲时光,超专注地投入到工作中的同时还需要业余时间大量的学习,恶补自己的短板。从空间的角度来讲,你可能会远离家人去异国他乡奋斗,也可能频繁出差成为常态以至于不是在机场就是在去机场的路上。这不仅仅需要家人的体谅和包容,还需要你自我强大的心理建设。你面对孤单、愧疚等负面情绪排山倒海而来时是否能淡定自若?面对家人的不理解、不支持是否能一如既往地坚定转型?

(2)转型多数是一条不归路。

当你在转型后的岗位工作了一段时间后(至少是一两年以上)如果如鱼得水那我为你鼓掌,为你的付出鼓掌,为你的成长鼓掌!如果不够顺利那我可以告诉你这时你需要冷静客观地审视自己。有时真的没必要和自己死磕，每个人都是独一无二的，都有自己独特的价值，同样每个人也有自己难以攻克的短板，因此你对自己必须真实！正视自己的劣势，放弃不切实际的蛮拼，转型的经历不顺利就放下，就当体会一片别处的风景，体验一段别样的人生，脚踏实地回到自己熟悉的领域、熟悉的专业里去。可能社会地位、职位高低会有些落差，那有什么关系？！我们的人生是过给自己看的，过给爱我们的人看的，那些貌似光鲜亮丽的帽子不用太在意，不戴也很体面。活得开心，活得真实才是最重要的。

（3）转型最大的风险在我看来是时间成本。

一些候选人会不甘心转型的不顺利，不断地尝试，不断地去和自己的短板较劲，背后的心理多半是盲目自信，认为自己无所不能或者不舍得放弃自己转型收获的一点点小成绩。人贵在有自知之明！转型之前慎重考虑，转型之后无怨无悔！

X先生的第二个机会是去一家新三板待上市的公司当CFO。这里衍生的一个话题就是是否选择比原来更小的平台去发展。一般来讲，从利益的角度肯定有高薪和股权的激励，从价值取向来讲肯定有做成一件事的成就感和自豪感。还有很多情感的角度比如曾经的同学、同事诚邀加盟的盛情难却，家族期望你子承父业的义不容辞，等等。

总的来讲，从0到1的创业型平台和从1到10的发展型平台没有好坏之分，只有你是否适合的考量。当我们长期服务一个平台，就会拥有服务平台的基因，包括平台文化、思维模式、视野格局、行业的敏感度等。

通过10年近距离观摩大量中高管候选人职场轨迹的历程，我个人建议**职场的朋友们，比较明智的做法是平台的各种维度的跨度最好不要太大，最好是和你原来的专业和行业有合理的延展性和关联性。**

在我看来跨界表面看上去很美，但其实是需要付出长期超乎寻常的努力和不断在失败中成长的过程。

第一个维度就是企业的规模。举例来讲，如果你服务的平台是百亿级的平台，在跳槽的时候最好选择相当或者接近百亿级的平台，而不是去一个几百万级或者上千万级的平台。如果你服务企业是万人以上的企业，跳槽最好不要去几十人或者上百人的规模。为什么呢？相似的平台很多东西是相通的，平台的发展战略、企业管理、组织架构、人员结构、运营模式、竞争对手、产品创新等，这样你多年服务原平台的手感就会在下一家的平台里迅速发挥得淋漓尽致。手感就是你的经验，包括所有成功与失败的经验的总结，这个手感可以说是你职场发展的法宝，也是其他同仁和你竞争时难以跨越的一个竞争壁垒。

第二个维度是企业的同仁的素质。你和什么人在一起就是什么样的人。这句话告诉我们软环境很重要。你原来的同仁大多数是非常职业化、专业化的高学历、高情商的群体，选择下一个平台最好也是大同小异的群体，而不是相距甚远的。因为平台共事是需要团队智慧的融合和结晶，倘若你和他们没有共同的语言体系、共同的文化基因，你很难长期高质量地贡献你的才华和智慧。仅仅是沟通成本就会让你感觉异常高昂。最糟糕的情况可能是平台淘汰的不是他们，而是你自己！靠一个人想改变一个平台的文化基本上是杯水车薪！

第三个维度是企业的创始人的背景。这一点经常会被一些职场同仁忽视。创始人的背景在很大程度上决定了企业的基因。你尽可能多地去了解创始人的性格、价值观、视野、格局、为人处世的态度，不要只关注媒体曝光的形象，要多关注平台的员工和合作的客户、供应商等直接接触他的人们对他的评价，熟悉他、了解他的同仁对他的评价。简而言之就是要听听他的口碑，口碑是比较可靠的，因为口碑的素材比较真实，比较直接，比较无目的性。这里需要提醒的一点就是明星创始人并不一定代表他的企业也是明星企业，有的老总就是个人魅力很足，但是在企业管理、平台运营、企业风控等方面是有短板的，这样的平台也需要慎重考虑。不要被老总的个人魅力吸引而晕了头脑，你需要的是能让你良性发展的环境，而不是仰视某个人、某个团队光环的地方，光环是他人的，与你毫无关系。

第四个维度就是企业性质。民企、国企、外企是比较有代表性的三类企业,你服务任何一种类型的企业时间长了,都会被企业潜移默化地影响,在离开原平台不同类型企业的时候都会遇到企业文化的碰撞。保险的状态是同性质企业的流动,文化相似,融入新平台的成本最低,但是现实情况是复杂的。同样性质的企业也是各有千秋。核心点取决于你是否拥有开放的心态、自我改变的意愿和对自己适应度的预判能力。

第五个维度就是行业属性。通常来讲越是高管职位对行业属性的要求相对越低,管理在很大程度上是相通的,所以自己不用给自己画地为牢,同样作为平台方也需要不拘一格降人才。企业的中高管候选人可以优先考虑自己熟悉的行业,但是当你发觉自己的行业已经是苟延残喘、日落西山或者与宏观大环境背道而驰之时,你需要主动出击那些与你行业相关或市场发展前景比较乐观的平台。

第六个维度是平台的附加值。比如五百强企业,行业霸主地位、行业人才的黄埔军校、稀缺人脉资源丰富、颠覆性创新的商业平台等都是平台给你带来的附加值。哪怕薪酬低一点、职位差强人意,对职场人士来讲都是值得珍惜的机会。工作不仅仅是你和平台简单的雇佣关系,还是你和社会连接、贡献、为社会服务的重要方式。包括你的人际关系、你的生活形态、你的各种资源累积等都会和工作息息相关。某种意义上你在服务平台的同时,工作也在不断地塑造你,你的职业素养、你的思维模式、你的视野格局,都来自于工作的点点滴滴。尽可能选择附加值高的平台去服务,看长远一点,不要为短期利益所迷惑。

需要提醒的一点是,在我看来附加值最核心的点是和你往来的人、事业的合作的伙伴一定是信任度、价值观和互补性最美的共鸣。看看马云和蔡崇信、马化腾和刘炽平、柳青和程维,他们都是珠联璧合的绝配。我个人非常欣赏女中豪杰柳青,在我看来她是拥有企业家精神的职业女性。

我们听听柳青的声音。柳青在接受《福布斯》专访时,将甘愿降薪加入滴滴的原因归纳为当时看到了一家正在彻底改变人们出行方式的价值巨大的企业,此外滴滴团队对她有着强大的吸引力。"和一个从骨子里散发着变化荷尔蒙的年轻团队一起成长,绝对是一件值得珍惜的事情。"柳青说。滴滴CEO程维则是另一个吸引柳青的因素。"程维是一个极有远见、抱负和魄力,又愿意为梦想付出的人。他目标高远又脚踏实地,当时非常打动我",柳青称,"我和程维是最好的朋友,惺惺相惜。在这一代年轻企业家里,程维在格局、心胸、眼光、能力等方面都是上上乘。"

我们再听听滴滴创始投资人王刚的声音。王刚在接受《福布斯》采访时这样评价,"程维、柳青两个人都极为聪明、正气,做事都拼命。程维草根出身,是从底层的销售一步步成长起来的,他对市场的敏锐度、深入一线的执行能力是柳青缺乏的;柳青出身名门,有大家风范,人脉资源、国际视野、在资本市场里呼风唤雨的能力,又是程维缺乏的,所以他们这个组合是很快见到了化学反应和叠加效应的。这个美丽组合告诉我们,选择新平台服务,评估自己和核心的团队是否具有天然的互补性是我们需要冷静客观思考的。

X先生的第三个机会是某已上市的正在进行组织变革的公司(规模比原来服务公司稍小一些)请他去担任CFO。X先生是一位优秀的CFO。

我们可以从他对上市公司的CFO职责的精彩阐述中管中窥豹——X先生认为CFO的职责主要分为对外和对内两大方面:对外方面,CFO是公司价值的营造者,他需要把公司的价值点向投资者说清楚,营造公司合理的市值,树立公司良好的资本市场形象,为公司重大融资及提升股东投资价值奠定良好的基础。对内方面,首先,CFO既是战略规划的提出者和建议者,又是战略执行落地的重要推动者。战略规划的最终决定者应该是董事会或股东会,CFO需要领导战略规划制订和设计的过程,通过大量对政策、市场、历史、竞争者等数据的分析和预测提出战略规划的建议,以供CEO及董事会决策参考;好的战略规划需要强有力的战略执行,把战略具体到目标、中长期计划、年度计划及转变为预算,直至通过计划预算的执行监控与分析,及时纠正偏差、调整计划方案,保障战略落地,这都是CFO的重要职责。其次,CFO是重大投融资规划、方案论证、参与决策及主导实施者。最后，财务团队的人才培养与能力提升，为公司长远发展打造强有力的财务支撑也是CFO的重要职责。从岗位经验的匹配度来讲，这个岗位是相对比较保险、比较能迅速上手、比较能平稳着陆的一个工作机会。

我个人的建议是如果其他两个机会没有特别诱人之处，这个机会是可以优先考虑的。为什么呢？客观地讲，职场空降的阵亡率是很高的，这个课题非常复杂也非常简单。空降阵亡的职业经理人不要盲目、主观地将所有的原因归结在平台方。在我看来，个人的原因占更大的比重。这需要我们深层次地去分析自己的性格特质和在特殊环境和特殊时期的应变能力和敏捷力。看着一张张面对职场变化万千皱眉的脸，这也是我尝试在今日头条分享《猎头笔记》的缘起！作为管理人，避免空降阵亡的前提就是严控风险。最安全的路可能不是最完美的，最完美的路可能不是最安全的！这就需要权衡，职业平台选择的权衡！通过你的观察力、分析力、预判力、总结力等综合的能力来严控风险。可能有的同仁会说我就喜欢冒险，冒险的刺激是我热爱的！没问题！没有任何人阻止你冒险的心灵，只要你能坦然承受冒险的代价！

多年的猎头咨询经验让我有个发现，有时候某些候选人明明已经看到风险或者我们或者他们的亲朋好友有理有据地告知他风险，他们还是义无反顾地去冒这个风险，这就是不撞南墙不回头的性格使然。我个人觉得撞撞小南墙不是坏事，再多的好言相劝都不及实实在在的切身感受的教训。但是，不要反复撞南墙，不要去撞大南墙，这是严控风险的底线之一。人是血肉之躯，身处顺境有左右逢源之乐，无横逆加身之忧，这样的环境最利于创造力的发挥，对身心发展特别有利。如果老是徘徊在失意的小河里或者深陷在逆境的泥潭里，人会被环境消磨锐气和激情。别小看这点不顺心的心境，可能这就成了束缚你良性发展的枷锁！我不是绝对要求所有职场朋友们去做最安全、最保险的选择，而是希望朋友们一定要审时度势地客观冷静地分析风险。

我们多数管理人都是普通人，都是靠自己的专业知识和专业能力去换取更美好的生活，有的还是一家之主，背负着养家糊口的责任。当你身在顺境的时候你可能会认为换个工作易如反掌，可当你真的不够理性地进入一家新平台后发现不尽人意，你会本能地懊悔，本能地反抗，本能地散发很多负能量，这些负能量可能会影响你个人的心境，也可能影响你家庭的小环境。你需要花一段时间甚至很长一段时间去恢复平静的、进取的心。

当然任何事情都是风险和利益共存的。一般来讲，风险越大，利益也越大，如果你抱着赌一把、搏一把的心态去一家待上市企业奋斗，也未尝不可。提前实现阶段性财务自由的机会也是难得的，关键在于你对平台的潜力的预判能力和对行业发展的前瞻性。从近十年我接触的CFO群体的亲身经历来看，通过上市套现来实现财务自由是小概率事件，因为上市这件事本来就是需要天时、地利、人和的，三项都很重要，缺一不可。我们永远记住：选择前深思熟虑，选择后无怨无悔。

02 精益创业

我也是一位创业者，在绝望和希望中不断挣扎、不断奋斗的创业者！可爱的创业者们，我们来击个掌！创业者需要抱团取暖！和大多数职场人士一样，我看到了自己的职业天花板，我决心自己做一家小而美的公司，公司定位为只做中高端职位的猎头公司。创业的过程中有很多笑话，先给大家讲一个笑话：我比较年轻就开始创业，有的客户交流前期都是电话沟通未曾见过面，有一次我去拜访某公司的人力资源高层，他见了我第一句话："我一直以为你是一位40多岁的女性，没想到这么年轻！"我笑了笑，谢谢他的美言，就继续谈工作了！因为年轻再加上着装的偶尔随意，我的候选人和客户第一眼见到我经常误认为我是老板助理或者刚入职场的顾问。

夜深人静的时候，我深刻反省自己并给自己和团队制定了一个目标：外在和内在更职业、更专业！一方面，我们不断提升自己的着装品位，不断打造自己的职业形象。（朋友们，形象气质的塑造真的很重要，它是无声的语言，甚至是比有声的语言更强大的语言！不可小觑！）另一方面，我也不断提醒自己和团队：我们提供给客户、给候选人的是专业和贴心的服务，与我们的年龄、相貌等无关。

创业是一件痛并快乐的事情，初创的第一年我每天工作十小时以上，平均每天面试候选人六人，我有两个电话经常都打得没电了！因为长期锻炼身体的缘故，让我保持着长期的高工作量（朋友们，规律地锻炼身体很重要！）写到这里，我脑海里浮现了很多画面——和同事在雪地里行走去拜访客户，无数个万籁俱寂的夜晚和客户打电话讨论候选人的安排，很多一面之缘的候选人美好的笑脸，他们总是不断地分享行业的信息给我们，热心的客户，公司里熟悉的脸庞，他们经常无私地辅导我如何做公司，如何更好地做人做事。

我真心感谢我的团队、候选人、客户对我不离不弃，这给了我莫大的支持和鼓励！我深知每个创业者的背后都有很多甜酸苦辣的故事。我只是千万创业者中普通的一位！我想做的一件小事就是分享——由于职业的关系，我认识了很多中高管出来创业的群体，我看到创业屡屡失意的朋友，我也看到过春风得意的朋友，现在我想把近十年所听所感所想所悟分享给大家。

03 有所不为

多数中高管做到企业的一定位置都会面临天花板现象，只是天花板的款式、色彩、材质等不同罢了。我刚出来时，感觉自己一下当老板了，感觉没天花板了，不禁欣喜了一番，但是很快这种惊喜被解决各种从未面对的问题的五味杂陈的心态给取代了。

有天花板的时候不担心公司现金流的问题，不担心招不到员工的问题，不担心怎么给员工发工资、交五险一金的问题，不担心房租的问题，不担心……总之我们只需要把自己在平台里的角色做好就行。某种意义上，多数管理人有点像个厨师，挑选好食材，用各种烹饪手法烹饪好一道大餐就皆大欢喜了。而创业者就像餐厅总经理是全能选手，先不谈如何找风投、讲故事，这是一个宏大的课题，最起码要设计出赢在市场的商业模式和利润模型，然后融资或者垫资先找个物美价廉的餐厅，从不同的供应商里面挑选物美价廉的合适食材和厨房的各种用品，找到做各种大餐的厨师，不断和客人互动，获得菜品的一手信息，不断在市场建立品牌力和口碑、开发新客户等。

有一段时间我工作特别辛苦却看不到公司发展希望的时候，经常在夜深人静的时刻问自己，"我适合创业吗？是不是只是一位创业的爱好者？放弃五百强的平台是否真的是我想要的？"当我坚定自信地告诉自己，这是我想要的生活的时候我坚持向前跑，跌倒了继续爬起来向前跑，不停地向前跑，向着太阳的方向跑！亲爱的创业朋友们，"放弃原有平台是否真的是我想要的生活？"这个问题在我们决定创业之前一定要深思熟虑。

没错，我身边的每位候选人、每位朋友创业的时候都会告诉我考虑好了，方方面面都考虑好了！其实我想大声告诉你们。

未必！苏格拉底的一句名言："认识你自己！"我想在这里提出一个个人的观点——有的人就不适合创业！有的创业者只是心血来潮的创业爱好者！或者说你目前至少要准备好经历几次创业失败的历练！创业者和创业爱好者的基因有着天壤之别。从某种意义上讲，创始人的基因就决定了企业的生死存亡。一些候选人做到中高管时早早实现了一定程度的财务自由，或者早早感受到操盘成功大资金、大平台、大事件的滋味，再准确地讲就是特别顺的阶段，事业顺、财运顺、事事感觉特别顺的阶段就会想当然地认为自己做任何事所向披靡。

　　未必！你过往所有的业绩是天时、地利、人和塑造的成果，和你的能力和才华有一定的联系，但并不代表离开了你，所有的成绩就完全不会发生！我们要清晰地认识到平台的价值和个人价值在业绩里面真实的权重！千万不能厚此薄彼！现在我听到不同声音了，有朋友说我对业绩的贡献远远大于平台对业绩的贡献！非常好！我恭喜你，这是你可以创业的重要信号之一！我的一些候选人就是这样，他们清晰地认识到自己贡献平台的价值很大，比平台本身的价值还要大！所以义无反顾地选择了和自己熟悉领域相关的行业去创业，多数公司发展都还不错。

　　朋友们，抓住我上面写的几个关键词——自己熟悉领域相关的行业。对，没错！就是这几个字！创业的人们选择创业项目的眼光直接决定创业路上是顺风顺水还是山路十八弯。选择自己熟悉的行业去创业也是你可以创业的重要信号之一！手感！手感！手感！重要的事情说三遍！前面提到过，这里重复地强调，强调手感的重要性！创业每天每秒都在和风险做斗争！宏观环境的风险、市场的风险、资源缺乏的风险、信任的风险、资金缺口的风险、人才缺乏的风险等，还有一切不可预见的风险。而我们对自己熟悉行业的手感会让我们面对各种风险时有比较合理的可控性。运用我们的手感经常让我们可以转危为安，有时甚至可以化腐朽为神奇！我自己就有这种手感的切身体会。有一次朋友推荐了一个新客户，项目很诱人，看上去是一块诱人的大蛋糕，客户都起草好了合同，条款对我们也有利。但是在和客户第一次面对面沟通后我本能地就感觉不太靠谱，果断放弃合作！不多久，市场上出现很多这家客户的负面声音，我很庆幸自己当时的决定是多么正确！

　　我欣赏的创业是做一件美好的事情！是一群美好的人做美好的事的过程！创业一定要有所不为！首先，创业不是去做投机取巧的事，去做一些无原则的哥们义气的事情！从我观察到的身边的创业群体来看，他们创业选项目的过程很多是很偶然的，有的还是有点盲目的。一个偶然得知的市场机会，一个朋友提供的稀缺资源或者垄断资源，或者就是自己的兴趣和情怀使然，多半不够前瞻性、不够战略性。我们要清醒一点，拿出投行尽职调查的精神！没错，你可以反驳说我创业就是为了玩一把！我玩得起！那么，只要你玩得起，你可以肆无忌惮地玩！这类创业，我不予多评。精彩的生活充满了不同的图案，你只要对创业的结果负责就行！我现在是和对自己负责、对股东负责、对投资方负责、对员工负责、对客户负责、对用户负责的创业者一起严肃、认真地讨论创业这件事！所谓稀缺资源，只是在某个特定的时空环境的稀缺，不代表常态！所谓垄断资源，貌似能带来利益却也蕴含着潜在的风险！我们要做干干净净的人，赚干干净净的钱，做干干净净的生意！在我看来，为了一点利益就放弃人格的创业可是职场最大的失败！

所谓的哥们义气、儿女情长只是情感，真挚的情感并不一定要通过一起创业盲目添柴加火或者盲目感性经营！情感的经营需要科学理性，比如通过自己力所能及的方式去关心对方，去帮助对方！比如衡量和沟通好交往的边界！情感经营和做事一定要分清！一定要分得一清二楚！而且平时玩得热火朝天的兄弟朋友们我们并不一定彻底了解他们！我们了解的点也不一定代表创业中核心的关注点。我个人提出一个观点——如果要找合伙人，找合作伙伴，我们需要反复了解确认的核心点是他们是否具有契约精神！简单的理解就是是否靠谱，靠谱可以通过很多常识判断！我们也要问问自己是否具有契约精神，不断反省自己、反思自己的过程也是不断成长和提高的过程！同时，要冷静地甚至有点冷酷地观察分析你的潜在合作伙伴，不要完全相信他人的言语，这个社会总有一些语言像天堂一样而行动却是地狱的人，他们在欺骗这场戏里面演得像天使一样！带着虚伪的面具在各种场合演戏，不管是歌唱的歌词、跳舞的寓意，种种的花样百出的演出就是想告诉你他是最高尚的天使！我们需要练就火眼金睛看出天使背后魔鬼的心，你可以悄无声息远离他们，也可以通过法律保护自己的权益。以前再哥们义气的关系，以前再纯真浪漫的情感都不要怜惜，永远不要拖泥带水，因为他们的可怕之处是没有廉耻之心、没有契约精神！做任何事情都会没有底线，后患无穷！火眼金睛的核心点就是要看他过往做的事！大事小事都要看！细节很多时候反映一个人最真实的一面，同时给自己留出足够的时间和空间去考察分析，去深思熟虑。再聪明的人，如果人品有问题，是一定不能合作的！他会成为你事业发展最大的风险，可能会让事业一败涂地！可能会让你莫名其妙地遭到各种算计和打击！别相信自己改变他人的能力，在我看来改变一个人的难度不亚于改变世界，与其抱着合作伙伴会改变的态度去和他合作，不如一开始就不合作！纵观我身边创业失败的案例，多数都是因为人出了问题！个人观点：再好的项目，如果人不对了，事肯定做不对！选择合适的合作伙伴是你可以创业的重要信号之一！选择合适的合作伙伴和选择爱人一样重要！很多男女朋友在一起玩得开心，但是结婚却不一定最合适！婚姻是权利和义务并重！企业也一样！良性发展需要契约精神。

小贴士

什么是契约精神？契约精神是西方文明社会的主流精神，"契约"一词源于拉丁文，在拉丁文中的原义为交易，其本质是一种契约自由的理念。所谓契约精神是指存在于商品经济社会，而由此派生的契约关系与内在的原则，是一种自由、平等、守信的精神。契约精神本质上就是一种诚信精神，只有交易的双方遵守契约，切实履行合同，才能确保交易安全。契约精神存在四个重要内容：契约自由精神、契约平等精神、契约信守精神、契约救济精神。契约精神是从私法延伸出来的。民事当事人在商品交易中主体地位的平等，彼此选择意志的自由，利益分享的互赢，对已成立契约效力的尊重和信守，是契约精神最基本的内容。因此，从一定意义上讲，平等、自由、互利是契约精神的内在本质。拥有契约精神的企业和团队会在职场越走越远，越飞越高！

其次，一群美好的人做一件美好的事情的创业最重要的一点是认识我们自己！具体来讲，并不是我们人品好、人靠谱就代表我们适合创业。优秀的创业者是必须要拥有企业家精神或者有企业家精神潜质的群体。世界著名的管理咨询公司埃森哲（Accenture）曾在26个国家和地区与几十万名企业家交谈。其中79%的企业领导认为，企业家精神对于企业的成功非常重要。埃森哲的研究报告也指出，在全球高级主管心目中，企业家精神是组织健康长寿的基因和要穴。正是企业家精神造就了二战后日本经济的奇迹，引发了20余年美国新经济的兴起。那么，到底什么是真正的企业家精神呢？就是，每个企业都有一种理念，有一种文化，企业家就朝着这个理念努力拼搏，时间长久就形成一种文化，企业家能够成功就是因为他们有这种精神的支持。聚焦企业管理八大领域，快速提升CEO自身领导力及管理能力，铸就企业家精神，借此达到推动企业成长的目的。

企业管理八大领域：①创新是企业家精神的灵魂；②冒险是企业家精神的天性；③合作是企业家精神的精华；④敬业是企业家精神的动力；⑤学习是企业家精神的关键；⑥执著是企业家精神的本色；⑦诚信是企业家精神的基石；⑧做一个服务者也是一个企业家应有的精神。

创业者的基因是企业的核心战略资产，我们需要认真全方位地分析自己或者身边息息相关的利益共同者是否是如火如荼的创业大潮中合适的创业者。

我抛砖引玉，谈谈个人对创业者的理解。

创业者符号一：人品一流

人品不好的人创业注定失败，或者说人品不好的人的人生都注定失败！永远在没有阳光的泥潭里徘徊！送你们一句话：浪子回头金不换！将功补过，重新做人！好的人品是一生最大的财富！失信是人生最大的破产！我们要坚持做一个人品好的人！不要相信看到的一些不好的表象！那只是表象！只是当下的表象！不要被这些灰尘蒙蔽了我们清澈的双眼和纯洁的心灵！可能确实有一些貌似人品欠佳的人得到了短期利益的事情发生，从长远的角度来讲他们都输了！彻底输了！他们给自己埋了一颗随时可能引爆的定时炸弹，哪怕拥有金山银山都寝食难安！无法安宁！殊不知安宁的境界是人的一大笔精神财富！没有安宁的生活，天天都诚惶诚恐！这就是因果论——种瓜得瓜，种豆得豆，种下什么样的因，就得到什么样的果。看看我们身边一些发生重大危机的企业、倒闭的企业、岌岌可危的企业，很多深究起来都关乎创始人和团队的人品，那些凌驾于法律之上的斑斑劣迹都是他们肮脏灵魂的写照。再看看那些经营得蒸蒸日上，发展得越来越有魅力，越来越朝气蓬勃的企业，很多都是源于创始人和核心团队拥有高尚的人格！他们在国家和民族有难的时候，在他人需要帮助的时刻，都义无反顾、慷慨解囊，很多时候还默默无闻地做了很多好事！

让我们永远学做大写的人、人品一流的人、温润如玉的谦谦君子！相信一流的人品会给我们创业者带来无穷无尽的力量和好运！因为有了人品好的口碑和信用，你的合作伙伴、你的团队、你的客户会给靠谱的你源源不断的认可和回报！让我们一起做干干净净的事，赚干干净净的钱！活得坦坦荡荡、潇潇洒洒！

创业者符号二：坚持不懈

创业者选对方向，要做的就是坚持不懈，百折不挠。有一些蠢蠢欲动要去创业的人士，总是慷慨激昂地表达自己创业的雄心壮志，却迟迟没有任何行动！或者总是期望所有资源都到位了才大展拳脚开始惊天动地的创业，或者眼高手低总是嫌弃这个项目苦那个项目累，总是希望钱多活少、创业不累！这类人群就是我所定义的坚持白日做梦的"创业甲（假）"。你们如果不改变自己的观念和态度，永远都是井底之蛙！

看看全球优秀的企业家们，他们是真正的创业家！真正的"创业家"

是一群真心热爱长跑的健将，他们不论是在严寒还是酷暑，不论是冰天雪地还是骄阳似火，不论是在崎岖不堪的山路还是在一望无边的沙漠，他们都坚持不懈地带着团队跑，乐观地跑，向上地跑，谨慎地跑，智慧地跑。他们也会适时地停下来，但不是逃避，不是懦弱，不是畏惧，而是定期修整，是养精蓄锐，是和团队一起换上新跑鞋，给团队鼓气打气，分享跑步的成果，分析跑步的进程，找到更多适合的跑友，找到更好的跑道，找到更好的跑步方式，不断反省自己的行为，扔掉包含负能量的包袱，轻装上阵继续带着团队跑！我们不妨设想，如果现在我们看到那些发展得越来越好的企业正处于危机时刻，创始人和团队没有坚持走下去，选择让企业被收购或者被抛弃，那么有多少企业创造的绚丽夺目还会发生在今天？坚持不但是在逆境的百折不挠、顽强不屈、处变不惊，也是在顺境的清醒头脑、冷静思考、居安思危！顺境的跑步看起来很容易，实际上却是更大的挑战！跑慢了有什么关系？我们的业绩已经足够好了！跑步的姿势难看又有什么关系？我们跑步这么难看不也跑到今天了吗？这些都是被顺境麻痹的信号，我们要警惕这些信号，始终如一地跑，不改初心地跑，如履薄冰地跑，该跑快点的时候就跑快点，该跑慢点的时候就跑慢点，该停下来休整一会就安心修整，跑出青春！跑出美好！跑出风度！跑出骄傲！相信坚持不懈的力量！相信我们用坚持不懈的行动一定能跑出独一无二的漂亮的人生马拉松！

创业者符号三：不忘初心

当我们出生的那一刻，我们给父母、给世界带来了美好！我们也感受到了美好的一切！在我看来这就是初心，永远给世界带来美好！永远去感受、去发现、去创造、去保护世界的美好！创业不是名利的追逐，而是美好的演绎！如果仅仅是以追逐名利的心态去创业往往适得其反、南辕北辙、舍本取末。即便你能有点业绩，也是暂时的业绩。你被名利蒙蔽了眼睛，缺乏大格局、大视野、大战略的创始人无法做大做强，他们的企业发展有天然的局限性。

　　名利是我们在做成一件件美好的事情的时候，社会和民众给我们的认可和鼓励，是实至名归的事，是锦上添花的事，是水到渠成的事。创业不是一定要做一件轰轰烈烈的事，而是要尽我们所能做美好的事！我们可以成为无数细分领域的王者。拿出服务精神专注在一个个小美好中，你也顺其自然地成就了个人的大美好！看看腾讯的产品，微信充满了服务精神。服务精神的关键是参透人性。微信启发了我们人性中的社交价值。微信的启动画面是一个孤独的人仰望着辽阔的地球，而在地球光芒的映射下显现出他寂寥的身影。微信之父张小龙这样解释这幅图："这张图反映了人们在网络世界中的孤独，而微信将会成为连接虚拟世界和现实世界的桥梁。"这个启动画面能够打动人们的心灵，孤独永远是都市人生活的主旋律，而这种强烈的孤独感以及对交流的迫切渴望催生了微信这款软件。无论是拥挤的地铁，还是孤寂的胶囊房，使用微信时总有朋友在身边，它拉近了人与人之间的距离，使得人们相信自己并不孤独。所以，微信的存在打破了这种孤独，使交流变得轻松自如，使沟通变得随心所欲。在我看来，创业就是精雕细琢一个个美好，再小的美好只要我们苦心孤诣、坚持不懈、无怨无悔、从容不迫地打造也会成长为一个独一无二的美好！

04 精彩人生

　　在本书的最后一章我想和大家分享一个忘年交的朋友——大白叔叔（下文称大白）的人生故事。大白是我一个偶然的机会认识的朋友。北京夏天的大排档旁，大白一边喝着啤酒、吃着烤串，一边和我们分享着他的精彩故事。大白出生在一个高级知识分子家庭，从小学习成绩优异，接连

第15章 案例分享

跳级，15岁高中毕业。在知识青年下放农村的时代，他和无数青年一样当了知青。他跟我们分享了知青时光的三个故事。

第一个故事是他刚下放农村的第一天，村大队长给他分配的工作是晚上让他守50亩的果园。因为没有地方睡只能在果园旁的坟地里铺了一点草，找了几块木板，搭了一张床，四面无墙，就这么露天睡觉，床边有狼出没，还有各种蚊虫叮咬，恐惧和无助弥漫在大白的每一个细胞里。然而，妈妈送的一份礼物——一个短波的收音机陪伴他度过了漫长的一年的露天而睡的时光。（直到大白妈妈来农村看望儿子的时候大白的生活才有改善。）收音机可以收听到澳大利亚频道，大白在杳无人烟的坟地里听着主持人介绍着全世界的风光，度过了一个个风雨交加、寒冬酷暑中的漫漫黑夜。小小的收音机在大白的心里种下了一颗种子，一颗未来大白熟练地用英文做生意赚钱并周游世界100多个国家的种子。

第二个故事就是大白每天都要工作10个小时以上，而每个月的收入是三分钱。大白一年12个月只有8个月的粮食分配，其他4个月的粮食只能靠吃各种野菜野果度日甚至去挖田鼠洞，抢了田鼠的储备粮充饥。这样的生活度过了整整4年。4年的时光让大白手上长满了老茧，也练就了强壮的体魄。

第三个故事是大白有一次在农村大队队长的要求下拉着一大板车苹果到城里去卖，路上遇到大雨滂沱，躲在一个小庙外的屋檐下避雨。他全身淋湿的模样被庙里的一个高僧看到，赶紧让他到庙里避雨，帮他烘干了衣服，给他做了热腾腾的面条吃。大白临走前高僧送了四句话给他："但行好事，莫问前程。与人方便，自己方便。"多年后大白生意做得如火如荼，出资修了一个大雄宝殿感谢高僧。

大白说完这三个故事后说了一句意味深长的话：我一天工作10小时以上才赚三分钱的日子都度过了，从此没有什么日子过不去的！听完这三个故事，电影《荒野猎人》的很多画面在我脑海里一闪而过，画面不断在说一句话："只要还有一口气，就继续战斗，继续呼吸，一直呼吸。"职场的朋友们，哪怕你输得一无所有，哪怕你的起点很低很低，不要放弃！

永远不要放弃！我欣赏《老人与海》的一句话："生活总是让我们遍体鳞伤，但后来那些受过的伤，一定会变成我们最坚强的地方。我们一起共勉！"

大白继续分享了他后来考上大学回到北京工作后的经历，也有三个故事。

第一个故事是：他被分配到了非常好的国家机关单位，做了几年公务员，大白越来越感觉这不是他想要的人生，他没有委屈自己的心灵，没有犹犹豫豫，没有瞻前顾后，只是跟随他内心真实的感受，在家人极力反对的情况下果断辞职创业。因为在当公务员时期他利用业余时间做了大量商业项目的科学调研，他发现了一个空白市场，于是抢占先机，联合朋友研发了稀缺产品并勤奋务实地经营，短短几年时间淘到了人生的第一桶金。

第二个故事是：大白在淘到人生第一桶金，事业做得红红火火的时刻没有选择继续在企业里奋斗，而是把企业转给了他的合伙人，拿着一笔钱去周游世界了。两年多的时间周游了122个国家。大白分享他的一句话："最好的梦不是想出来的，而是要去路上找出来的，你在梦里走了很多的路，但醒后发现自己还在床上，那么你就不要再犹豫了，拿上行李上路吧！艰辛和浪漫是同在的，把梦留在路上！"

第三个故事是：大白在做生意的时候，偶遇一位外国先生因为一个项目无法实施而苦恼不已。在和他聊天的过程中他知道如何帮到这位外国先生并全力无私地帮助了他。外国先生在大白的帮助之下成功地获得第一桶金，他感激不已，给了大白一笔客观的佣金，大白没有要一分钱。外国先生回国前感觉无以回报，留下一张纸条——朋友，你在世界各地任何一个角落遇到困难，都可以给我打电话、发邮件，我会帮助你！拿着第一桶金回国的外国先生将财力全部投入到事业里，发展得越来越好！故事并没有结束，在大白周游世界几乎花光了全部积蓄的时候，身在异国他乡感觉有点郁闷，大白开始二次创业，此时大白想到了外国先生，打了一个电话给他，外国先生全力帮助大白，给了大白很多物质和精神的支持，让大白的生意越做越大，越做越潇洒。大白说："感谢外国先生成就了他的生意，他一直记得那位偶遇的高僧的话——但行好事，莫问前程。与人方便，自己方便。"

客观地讲，生活中比大白活得精彩的大有人在，或许身为读者的您就是拥有精彩人生的典范。我们处在一个瞬息万变的时代，感谢这个时代给了我们无与伦比的选择自己工作和生活的机会。机会和风险是并存的。如果你想拥有精彩的人生，我最后倾情送给您三个锦囊。

第一个锦囊：勇敢坚强

很小的时候我的爸爸每周给在远方求学的我写的家书的最后四个字就是：勇敢坚强！这四个字植入我的骨髓，让我从小在面对困难的时候充满力量。其实职场生活及平常生活并不会天天遇到很大的困难，很多是琐碎的小事，无意义的纷争干扰我们的心绪。所以我们不但要勇敢坚强地面对大事，拿出初生牛犊不怕虎的勇气，拿出老当益壮的力量，拿出大女子、大丈夫的气概勇敢坚强地面对挑战，披荆斩棘、所向披靡地渡过难关，也要拿出勇敢坚强的态度去面对生活一切一切的小事，小事就像毛毛雨，如果你长时间不打伞，不躲避，不采取有力的措施，就可能轻则让你淋个湿透，重则让你感冒生病。明智的做法就是未雨绸缪，或者即使是毛毛雨的状态也要学会穿上一件雨衣，或者打起一把伞，或者躲在一个可以避雨的地方，或者在雨中小跑一段路，跑到可以遮风避雨的屋檐下。不要让毛毛雨肆无忌惮地消耗你的体力和精力，不要让毛毛雨左右了你的心情，不要让毛毛雨成为你懒散的借口、逃避的借口、抱怨的借口。相信精神的力量，相信勇敢坚强的力量，永葆一颗勇敢坚强的心，永远不抛弃关于真善美的梦想，永远不放弃向前向上追逐的脚步，武装和修炼自己强大的心灵去面对发生的种种。每每完成职场里、平常生活里一件件繁琐的、突发的、有点小难度、有点小紧张、有点小压力的小事，你就向前成长了一步，只要是向前进步，再小的一步都是美好的、美丽的！有的朋友可能会说道理我都懂，但是我现在就是做不到！分享龙泉寺学诚法师的一段话：知道却做不到是肯定的，一定要在因地里一步一步努力，才能到达果地，而非妄把果地的境界当作自己的证量。"知道却做不到"，从某种程度上来说是值得表扬的，因为这意味着自己去尝试着做了，发现了理论与实际的差距。修行并不是要我们马上做到，而是在现有的基础上前进一小步，从微渐修。处理各种不顺的小事大事的过程是可以磨练心性的，是生命旅途不可避免的修行，你的心越来越强大，越来越有张力，做起事来会越来越如鱼得水、游刃有余！

第二个锦囊：能者无界

每个人都拥有无限的可能，每个人都要勇于尝试无限的可能。大白曾经告诉我，他到现在为止尝试做过20多种行业，而且很多行业在某个阶段都做得如火如荼。我经常接触的一些李嘉诚先生旗下企业的中高管们也经常提到四个字：商者无界。他们多数都会在很多职位上轮岗，培养全能手的管理能力，还会被空降到完全不同的行业去管理、去运营。能长期生存发展下来的中高管们都是跨界管理的好手。生活在瞬息万变的职场里，我们一方面要持续不断地培养自己的综合能力，另一方面要有无界的思维和心性。不要给自己贴任何标签，性别、年龄、学历、出身、性格、婚姻、成长环境等的不同不能决定一切，不能成为你成长、跨界、放飞自己心灵的枷锁。除了你自己外，没有任何人可以限制你自我生长的自由！我们只要不断练内功，让自己的能力不断丰盈，让我们的羽翼不断丰满，认准一个目标，看准一个机会，瞄准一个舞台，无界地奋斗，无界地生活！不要在乎那些闲言碎语、冷嘲热讽，或者以为你好的名义不断要求你待在原地的人们。如果无条件地迁就所有的想法，如果无条件地顺从所有的要求，我们只会一事无成。看看众所周知的乔布斯的故事，拥有创新、坚持、追求品质三个特质的乔布斯给硅谷留下了苹果，给电影行业留下了皮克斯。能者无界不是说一定要你去跨界，一定要去尝试不同的行业、不同的职业，而是让我们培养无界的思维、无界的心境。站在专业外的视野去看自己的专业的竞争与威胁，站在行业外的角度看行业内的战略和战术的运用，站在更高更广的空间去看当下的境遇。不要画地为牢，不要坐井观天，跳出自己的思维陷阱，跳出自己的常规逻辑去不断完善自己的思维——创新的思维，跨界的思维，颠覆传统的思维。

新维创新私塾创始人周宏桥先生在《中国的"盯梢式创新"》的文章中写道，"中国企业未来的创新方式，将在三大方向展开：一是从易到难的创新，即从简单的商业模式创新、流程创新、营销创新等上升到高难度的技术创新、数据创新；二是从离散的单点创新上升到全局式的系统创新；三是从引进基础上的二次创新上升到原始创新。我们只有用开放的心态让自己的思维与时俱进，不断学习，不断成长，海纳百川地接受不同的观点、不同的思维，让自己的思维在智慧的海洋里迎风飞翔！当我们成为一个真正的能者，我们就不会担心被淘汰，不害怕时代无穷无尽的变化，不畏惧突如其来的失业等各种危机，我们只会用无界的思维去拥抱无界的世界，让世界变得更美好！"

第三个锦囊：美好故事

让我们一起做不断创造美好故事的人们！

写下美好两个字我的心泛起丝丝暖意。当我们出生时的第一声啼哭，开口说的第一句话，第一次绽放笑脸，第一次背上书包，第一次去远方旅游，第一次去公司上班，很多很多第一次都是在美好时光中美好地度过。美好像明媚的春光、和煦的春风一样让我们的生活诗情画意。我们本能的也渴望自己和所爱的人美好地度过一生，美好的家庭，美好的学业，美好的职业，美好的事业，美好的婚姻，美好的子女，美好的晚年，美好的亲情、友情、爱情！

为什么我们在职场里，在平常生活里会经常和美好擦肩而过呢？

我们生下来就是一个美好的故事！一份爱情的礼物！因为不同的生活环境让我们成长中在沐浴美好的阳光、月光、星光的同时也会遭受各种电闪雷鸣、暴雪狂风、风霜雨打、我们中的一些朋友们有的因为美好的光的普照变得越来越美好，有的也会因为不美好的光的刺激变得不太美好起来！这是很正常的事情！

亲爱的朋友，我们懂你！我们理解你！我们关心你！我们希望你美好起来！你问我们是谁？我们是爱你的人们，我们是大自然，我们是一切美好的事物，是自然的光，是人性的光，是真善美的光！我们也有不美好的地方，牵起我们的手，从今天开始，我们一起学习成长，不断创造美好的故事，让未来变得美好起来！

如果我们是在职场打拼的父亲母亲，我们一定要想方设法给自己的宝贝们创造一个美好的童年！弗洛伊德（Freud S.）是著名的精神分析理论的创始人。他的人格发展理论有两个重要特点：一是强调生物本能在人格形成和发展中的重要作用；二是强调婴幼儿期的经历和经验对人格形成和发展的重要作用。弗洛伊德认为，每个人都会经历五个发展阶段，不同阶段发展得顺利与否对以后的人格将有重大影响，特别是童年时代的欲望满足和挫折与人格形成发展的关系密切。宝宝们太小了，需要我们花足够的时间和精力用美好的方式、方法，去关心、陪伴、教育和爱护！

如果我们是因为各种客观原因和主观原因没有机会接受更多的教育，我们不要怨天尤人，不要自暴自弃，不要投机取巧，靠自己的勤奋和努力先学习一技之长，或者一边打工一边学习，让自己靠本事美好地生存下来！我们花的每一分钱干干净净，赚的每一分钱干干净净，我们就是了不起的人！就是大写的人！在生存的问题解决的同时不断地完善自己，去图书馆、去书店看好书，下载各种关于学习的APP软件到手机里，见缝插针地利用碎片化时间学习。相信一万小时定律——作家格拉德威尔在《异类》一书中指出:"人们眼中的天才之所以卓越非凡,并非天资超人一等,而是付出了持续不断的努力。一万小时的锤炼是任何人从平凡变成超凡的必要条件。"他将此称为"一万小时定律"。要成为某个领域的专家,需要一万小时,按比例计算就是:如果每天工作八个小时,一周工作五天,那么成为一个领域的专家至少需要十年。这就是一万小时定律。没错!一万小时的全心全意付出可以使我们这些普通人变成各行各业的专家!

如果我们做过一些不美好的小事情,也不要沉浸在自我否定的泥潭里!忏悔之心美好的能量,需要我们不断唤醒它!我们相信每个人都不会无缘无故地做出不美好的小事情,多半是因为在特定的环境里做出了反常的事情、冲动的事情!学会放下,学会原谅,学会改正。过而能改,善莫大焉!真格基金创始人徐小平先生分享过他小时候听过的一个故事:说人总免不了要犯错误。犯了错误不要怕,下次注意就可以了。鱼不犯错误,但是如果鱼犯错误,就是致命的,就上钩了。所以,不断犯小错,有助于让你避免致命的大错。今天,今天,就今天,用美好的行动告诉世界——再微不足道的事情,只要是美好的,我们就不遗余力地做!再光鲜亮丽的事情,只要是不美好的,我们一丝一毫都不做!有人会说,你看我做了不美好的事情给我带来了巨大的利益,何乐而不为呢?但是我们想用无数真实的故事——自然的故事、人类的故事、历史的故事、沧海桑田的故事告诉你,利益的天地很小很小,比你想象的小得多!美好的天地很大很大!大得可以让你的心永远漫步在幸福快乐的海洋里!我还想告诉你,靠不美好得到利益都是短期行为,都是侥幸行为,都是铤而走险的行为。如果你触犯了法律,天网恢恢,你早晚会受到法律的制裁。如果你违背了良心,你永远活在良心的谴责里,你永远活不安宁!除非是禽兽,每个人的基因里都有羞耻之心。做了不美好的事你不但自我羞耻,还让所有爱你的家人、孩子、朋友因你而蒙羞!如果你一生都在创造美好的故事,你就是一个美好的传奇!如果你一生都沉浸在不美好的漩涡里,你就是一个遭人唾弃的垃圾!美好的故事其实很自然,很简单!简单自然的事情不断重复,你就是人生赢家！一个善解人意的微笑，一个温馨关怀的拥抱，一句暖心的话语，一只他人困难之时及时伸出的援助之手，一句他人幸福的时候锦上添花的祝福，一个从来不说谎的好习惯，一个从来不骂人、不打人的好脾气，一个从不乱扔垃圾、不乱破坏一草一木的好修养，一颗不抱怨、不自怨自艾、充满感恩和分享的心……都是我们可以演绎、可以创造、不断创造的！

即便我们一直在做美好的事情，还是会遇到各种不顺心，比如经常会碰到误解、不理解、不支持、各种负能量的闲言碎语或者更恶劣的让我们匪夷所思排山倒海的攻击。不要在乎！因为所有美好的事情是关乎真善美的，坚持做美好的事情，我们就拥有世界最强大的正能量。拥有最强大的力量，我们就是一个个小超人，任何带有负能量的人和事物在我们面前都溃不成军。不要被他们伪装的强势背后的懦弱、嫉妒和乱七八糟的捣乱消磨斗志，做一个美好的战士，美好战士像向日葵一样，充满阳光，充满善良，充满诚信，充满热情，充满乐观，充满感恩，充满分享，充满激情，充满正能量地去工作，去生活，去拥抱美好！我们也知道，正因为世界一些不美好的人和事物的存在才让我们知道拥有美好、变得美好的可贵！美好战士们，我们生来不是来适应所有不美好的，我们生来是改变所有不美好的！

最后我想把美学家朱光潜的一段话送给大家："做学问，做事业，在人生中都只能算是第二桩事。人生第一桩事是生活。我所谓'生活'是'享受'，是'领略'，是'培养生机'。假若为学问、为事业而忘却生活，那种学问、事业在人生中便失其真正意义与价值。因此，我们不应该把自己看作社会的机械。"祝福我们都能依靠自己的双手和智慧不断创造美好的故事，不断演绎美好的生活！